Reise durch

KALIFORNIEN

Bilder von
Christian Heeb

Texte von
Stefan Nink

Stürtz

Erste Seite:
Flagge zeigen: Auf Kaliforniens Banner – hier unter den Stars and Stripes der USA – ist ein Grizzly zu sehen. Der allerdings ist in diesem Teil Amerikas längst ausgestorben.

Vorherige Seite:
Unbekanntes Kalifornien: Der Anza-Borrego Desert State Park (hier mit Fotograf Christian Heeb am Font's Point) im Süden des Staates bietet großartige Wüstenlandschaften – und wird von den meisten Touristen ignoriert.

Unten:
Schöne Aussichten: Besucher des Yosemite-Nationalparks blicken vom Glacier Point ins Tal. Das Yosemite Valley ist der meistbesuchte Abschnitt aller kalifornischen Nationalparks.

Seite 10/11: *Ausnahmeerscheinung: San Francisco gilt als beliebteste Stadt der USA. Gründe dafür findet man unzählige – die Lage an der Bay aber ist einer der wichtigsten.*

Inhalt

Kalifornien – ein ganz besonderes Stück Amerika

Fast ein mythisches Stück USA: Big Sur am Highway 1 – das sind 90 Meilen Strände, Klippen und Aussichtspunkte. Die Berge im Hintergrund steigen bis zu 1500 Meter aus dem Meer in die Höhe und sorgen für eine dramatische Kulisse.

Wenn man Spaß haben will in Kalifornien, so richtig Spaß, dann beginnt man eine Unterhaltung an einer kalifornischen Hotelbar am besten mit einem Halbsatz wie „Ich komme gerade aus New York, und da glauben sie ..." Das war's schon – alles andere passiert jetzt von selbst. Was die da glauben in New York, spielt dabei keine Rolle. In Kalifornien interessiert es nämlich nicht, was man in New York über Kalifornien denkt. Es interessiert hier auch niemanden, was Menschen irgendwo sonst über Kalifornien denken. In Kalifornien interessiert nur: Kalifornien. Und die Kalifornier. Als solche bezeichnen sich übrigens auch Leute, die erst vor zwei Wochen von Rhode Island hierhin gezogen sind. Und die in New York haben sowieso keine Ahnung.

Damit ist eines schon mal klar: Hier geht es um eine besondere Spezies. Und um ein besonderes Stück Amerika. Kalifornien! Da kann man lange überlegen und nachdenken, aber man wird mit Sicherheit auf keinen anderen US-Staat kommen, bei dessen Erwähnung mehr Mythos in der Luft liegt, sich mehr Bilder und Geschichten ihren Weg aus abgelegenen Kleinhirnregionen ins Bewusstsein bahnen und – ja, doch: bei dem mehr Amerika mitschwingt als bei Kalifornien. Nein, das ist einfach so: Es gibt keinen berühmteren Bundesstaat der USA, und einen vielseitigeren auch nicht. Und wahrscheinlich auch keinen, der Reisende so bezirzt und in seinen Bann schlägt.

Meistens passiert es am dritten oder vierten Tag, wenn der Jetlag halbwegs überwunden und nach dem Körper auch die Seele hier drüben im Westen angekommen ist. Und fast immer passiert es beim Autofahren. Das ist ja einfach hier, viel stressfreier als zu Hause, Radio an, Fenster gerade so weit nach unten, dass der Fahrtwind im Haar wuscheln kann, und los. Die Finger trommeln leise Synkopen auf das Lenkrad (die spielen hier im Radio tatsächlich „Hotel California"!) und im Bauch direkt hinter dem Nabel schlägt irgendetwas einen kleinen, engen Glückssalto. „Ist das schön hier!", denkt man noch, links knabbert das Meer an der Küste, rechts klettern die Felsen Richtung kalifornisches Himmelsblau – und auf einmal

ist man weg. Als ob man hypnotisiert worden sei. Natürlich ist man nicht ganz weggetreten, schließlich fährt man ja immer noch Auto, aber so ein bisschen schon. Man hat plötzlich das Gefühl, als gehöre man hier hin. Als habe dieses Land nur darauf gewartet, dass man endlich zurück kommt, ganz seltsam ist das. Und ein schwebendes, schwereloses Gefühl. Zwanzig Sekunden später ertappt man sich dabei, dass man laut mitsingt. Doch, dieses Kalifornien ist ein besonderes Stück Welt. Beim ersten Besuch sowieso – und beim siebten, achten oder neunten zum Glück immer noch.

Ewiger Wandel

Kalifornien ist Kalifornien, ist Kalifornien, und doch ist es jedes Mal anders und jedes Mal neu. Das liegt daran, dass sich hier so viel tut. Kalifornien ist ein Land, das nie so ganz mit sich zufrieden ist – und sich deshalb permanent neu erfindet. Man glaubt, es durch und durch zu kennen, und dann kommt man nach zwei, drei Jahren wieder und alles ist neu: die Restaurants, die Bars, die Szenen, die In-Viertel. Kalifornien schafft Trends wie Shanghai Hochhäuser und wenn sie dann von Kalifornien aus die Welt erobert haben, die Trends, dann gibt es hier drüben schon wieder neue. Wundern muss einen das überhaupt nicht: Wo schon solche Grundsätzlichkeiten wie Shopping-Malls, Internet, Jeans, Barbie und Kreditkarte erfunden wurden, da hat man nun wirklich keine Probleme damit, Kleinigkeiten wie neue Wellness-Movements, Eco-Resort-Architektur oder die vierte Generation der Pacific Rim Cuisine hinzubekommen. Wirklich nicht.

L.A. zum Beispiel: Klar kennt man das. Chateau Marmont, Rodeo Drive und Getty Museum, der Boardwalk in Venice, der Mullholland Drive mit seinen Villen und Palästen wie bei David Lynch, das H-O-L-L-Y-W-O-O-D-Zeichen oben in den Hügeln – sobald man an Kalifornien denkt, wird irgendwo in unserem Kleinhirn augenblicklich in einem mentalen Fotoalbum von der City of Angels geblättert. Und natürlich gibt es das alles auch im richtigen Los Angeles. Das und so viel mehr, dass man gar nicht mehr hinterher kommt in zwei, drei Tagen Aufenthalt. Gerade eben haben sie beispielsweise Downtown L.A. neu aufgelegt. Komplett. Der leicht angeschmuddelte Warehouse District ist restauriert und poliert, Galerien, Miniboutiquen, Bars, alles furchtbar neu, alles furchtbar angesagt. Wer dazu gehören will, blättert in durchgestylten Cafés beim Latte in aktuellen Szenemagazinen aus Europa. Und trifft sich später zum Lunch in einem dieser Läden, die wie Hybriden aus Kunstausstellung und Sushi-Restaurant daher kommen.

Das „Madonna Inn" in San Luis Obispo ist nicht nach der Heiligen Mutter Gottes, sondern nach seinem Erbauer Alex Madonna benannt. Der Mann hatte einen einfachen Geschmack: Von allem bitte möglichst viel. Deswegen sieht das Haus von außen aus wie ein außer Rand und Band geratenes Schweizer Bergchalet, und drinnen herrscht das, was amerikanische Gäste mit „How cute! How wonderful!" lobpreisen – für alle anderen aber einfach nur reiner Kitsch ist.

Da kann man sich dann per WLAN auch gleich die nächsten Adressen aufs iPhone laden (wegen der permanenten kalifornischen Metamorphose sollte man sich bei Reiseführern nur auf eher haltbare Sightseeing-Standards wie spanische Missionskirchen oder Sonnenuntergangs-Aussichtspunkte entlang der Küste verlassen). Und losfahren. Und dabei ein wenig über den Mythos Kalifornien nachdenken.

Lauter Widersprüche

Zum Beispiel darüber, wie man es hier im Westen hinbekommt, sämtliche Widersprüche scheinbar mühelos in sich zu vereinen. Dabei gibt es – allem bereits erwähnten Regionalpatriotismus zum Trotz! – keinen zweiten US-Bundesstaat, der ähnlich in sich selbst gespalten ist wie Kalifornien. Auch wenn das vor Ort kaum jemand wahrzunehmen scheint: Kalifornien ist eine schizophrene und multiple Persönlichkeit. Kalifornien hadert mit sich selbst, nörgelt, protestiert – und ist gleichzeitig absolut mit sich und der Welt im Reinen. Kalifornien ist ein Widerspruch in sich, ein Paradoxon. Und es ist das aus ganzem Leib und ganzer Seele.
Deutlichstes Symptom: Kalifornien und die Umwelt. Da erfindet und perfektioniert ein Staat die Suburbia, die Freeways und die Malls und vermendelt das alles zu jener charakterlosen „placelessness", auf Deutsch „Ortslosigkeit", die sich mittlerweile über den gesamten Kontinent ausbreitet. Und wo wird am heftigsten dagegen protestiert? In Kalifornien. Da schafft es ein Moloch wie Los Angeles seit Jahrzehnten nicht, ein vernünftiges öffentliches Verkehrssystem hinzubekommen und produziert mit seinen Staus eine Abgaswolke, die an manchen Tagen selbst den Blick über den Grand Canyon in Arizona (!) verschleiert – gleichzeitig werden im Norden gewaltige Wälder für sakrosankt erklärt, um die schätzungsweise sieben letzten Exemplare der Spotted Owl zu retten. Auf 21 Millionen Führerscheinbesitzer kommen in Kalifornien unglaubliche 35 Millionen Autos – hier werden aber auch mehr Fahrräder verkauft als irgendwo sonst in den USA. Kein anderer Bundesstaat hat in den vergangenen Jahren so viel Land unter Schutz gestellt; im Gegenzug verdoppelt sich die Bevölkerung alle 18 Jahre. Vor allem im Süden hat die Bevölke-

rungsexplosion dazu geführt, dass Kalifornien ganz oben auf der Liste steht, wenn es um vom Aussterben bedrohte Tierarten und Pflanzen geht. Auf deren Jagd oder das Ausrupfen der Pflanzen stehen wiederum drastische Geld- oder Gefängnisstrafen.
In Kalifornien interessieren solche Widersprüche überhaupt nicht. In Kalifornien ist alles wahr und gleichzeitig alles erfunden. Zu Kalifornien gehört die 1000cc-Harley genauso an den Strand wie der Inlineskater. Der Hummer-Jeep ebenso in die Berge wie der Mountainbiker. Und die abgeholzten Wälder genauso wie die Windräder auf den Hügeln hinter San Francisco. Widersprüche? Was für Widersprüche? Wo waren wir? Beim Autofahren. Darüber müssen wir sowieso noch mal reden – das gehört natürlich auch zu Kalifornien. Früher fuhr hier jeder, der etwas auf sich hielt, ein Cabrio – mittlerweile ist ein Hybridfahrzeug japanischer Fabrikation das beste Statussymbol (nachdem es zwischendrin und lange genug „Sport Utility Vehicles" und militärische Nutzfahrzeuge wie der Hummer waren). Es gibt eine ganze Reihe Traumstrecken in Kalifornien, die vom Lake Tahoe hinunter zum Mono Lake zum Beispiel, die von Twentynine Palms quer durch den Joshua-Tree-Nationalpark nach Mecca oder die 299 von Redding nach Eureka. Und den Highway 1. Den vor allem.

Big Sur

Ein Tag auf Kaliforniens berühmtester Küstenstraße ist wie ein Versprechen. Eines, das nach Kokossonnencreme duftet und sich anhört wie die „Greatest Hits" der Beach Boys mit Auto-Replay. Ein Versprechen von endlosem Sommer und ewiger Jugend. Ein Versprechen, dass alles gut werden wird, oder möglicherweise sogar schon ist. Das beschwingt einen natürlich. Das schleudert eine Großpackung Endorphine in die Umlaufbahn des Gehirns. Und an so einem Tag scheint alles einzig und allein dafür gemacht zu sein, dieses Gefühl noch zu verstärken: Auch das ist typisch Kalifornien. Santa Barbara funkelt in der Morgensonne. Oben in den Santa Monica Mountains hängen Wolken wie Wattebäusche. Hinter San Simeon fliegt ein Schwarm Pelikane über der Brandung. Und die Bedienung in Big Sur schenkt einem ihr strahlendstes kalifornisches Lächeln. Ein Wahnsinnslächeln. Ein Lächeln, das man am liebsten einpacken und mitnehmen würde, um es an einem sicheren Ort aufzubewahren für schlechtere Zeiten. Für den nächsten Dauerregen in Deutschland zum Beispiel.
Dieses Big Sur ist überhaupt etwas Besonderes. Es hatte das Zeug zum Mythos spätestens, als Jack Kerouac und John Steinbeck von der

Das Death Valley im Landesinnern Kaliforniens ist die heißeste und trockenste Region des Kontinents. Stellenweise liegt es 85,5 Meter unterhalb des Meeresspiegels. Die höchste Temperatur wurde 1913 gemessen: 56,7 Grad Celsius – da freut man sich auf jede Abenddämmerung.

„Poesie des Lichtes“ an diesem zauberhaftesten aller kalifornischen Küstenabschnitte schwärmten. So was hatte natürlich Folgen. Es kamen Gesundheitsapostel und Weisheitssucher und die anderen üblichen Verdächtigen, es kamen die ersten Hotels und Restaurants, und irgendwann kamen meisterliche Architekten und schmiegten mit dem „Post Ranch Inn“ eines der schönsten Spas der USA in die Pinienhaine der Big-Sur-Küste. In das wiederum kommen jetzt Michael Douglas oder Jennifer Lopez, um sich mit hauseigenen Kräuteressenzen verwöhnen zu lassen. „Oh my god!“, entfährt es der Kassiererin an der Tankstelle in Big Sur, „ich glaube, da saß gerade Cameron Diaz im Auto. Oh! my! god!“ Kann schon sein. Kann sogar sehr gut sein. Oh my god.

Die meiste Zeit des Jahres ist Big Sur ein Traum in Blau, ein Stück American Pie wie aus einem Popsong aus den Fünfzigern. Wenn man allerdings Pech hat und schlechtes Wetter erwischt, könnte man genauso gut in Nord-Nebraska unterwegs sein oder irgendwo in Arkansas. Es gibt Tage, an denen ist Big Sur in dunkles Grau gehüllt und ein undurchsichtiges Nebel-Wolken-Gischt-Gemisch verdeckt die Schönheit der Küste, als wolle sie dem Reisenden signalisieren, bloß nicht alles für selbstverständlich zu halten. Denn diesen Mythos muss man sich schnell aus dem Kopf schlagen: Es scheint nicht immer die Sonne in Kalifornien. Im Süden ist der Himmel im Sommer oft genug vom Rauch der Waldbrände geschwärzt. Und viele nördliche Landesteile durchgehen tatsächlich nicht nur alle vier Jahreszeiten, sondern haben einen längeren (und härteren) Winter als Europa. Kann gut sein, dass man noch im Mai nicht weiter als ein paar hundert Meter in den Lassen-Volcanic-Nationalpark in Nordkalifornien hineinfahren kann, bevor man vor dem Schnee kapitulieren muss. Gut möglich, dass der Tioga Pass, der von Osten in den Yosemite-Nationalpark hineinführt, bis in den frühen Sommer hinein gesperrt ist. Natürlich wollen die meisten Herbst- und Winterwetter vermeiden, wenn sie nach Kalifornien reisen, aber das ist nicht immer die beste Entscheidung. Für das Weltklasse-Skigebiet Squaw Valley sowieso nicht, aber auch nicht für andere Regionen. Zum Beispiel für Yosemite.

Yosemite

Jene Tage zwischen Noch-Herbst und Beinahe-Winter, an denen die Welt in der Sierra sich nicht entscheiden kann zwischen Herbstbunt und Winterweiß und in denen eine seltsame Spannung in der Luft zu liegen scheint – das ist die schönste Zeit im Park. Anders als in anderen Teilen der USA bricht der Winter nicht zwangsläufig überfallartig über Yosemite herein. Meistens ist es eher so, dass er sich zaghaft in den Park hineintastet, zögert, sich zurückzieht, einen neuen Anlauf nimmt. Zuerst werden die Abende merklich kühler, dann sind morgens die Pfützen zugefroren, dann liegt Reif über den Tuolumne Meadows und dann, irgendwann, die erste zarte Schicht Schnee, wie eine Daunendecke, kleine weiße Hauben auf den halbrunden Granitdomen. Dann sieht Yosemite aus wie auf den Schwarzweiß-Fotos von Anselm Adams, der mit vierzehn zum ersten Mal hierher kam, mit einer kleinen Kamera, die seine Eltern ihm geschenkt hatten. Anselm kam und sah und fotografierte, und ging anschließend nie mehr richtig weg, zumindest nicht im Herzen. Es sind seine feinen Nuancen von Licht und Schatten, das Spiel mit Linien und Kanten, das bildliche „Erfühlbarmachen" von Formationen wie dem Half Dome, die unser Bild von Yosemite geprägt haben. Im harschen Licht des Winters kann man leicht nachvollziehen, wie Adams den Park gesehen hat: Als Schöpfungswunder, das seine Kameras nie komplett einfangen konnten.

Auch außerhalb Yosemites hat kein anderer US-Staat mehr grandiose Natur zu bieten als Kalifornien zwischen den Wüstendünen des Anza-Borrego Desert State Parks und dem schneebedeckten Gipfel des Mount Shasta. Man kann hier Wochen (und Monate!) unterwegs sein, ohne ein einziges Mal das Meer zu erblicken, und hat am Ende der Reise doch nur einen Bruchteil der kalifornischen Naturschönheiten zu Gesicht bekommen. Wenn man Abwechslung braucht, liegen zwischendrin immer wieder nette Städtchen und Städte, in denen man für einen Tag oder eine Nacht bleiben kann. Beziehungsweise für ein bisschen oder viel länger, schließlich gibt es ja auch noch San Francisco.

Metropolen

San Francisco ist noch immer die trendigste Stadt in diesem Teil des Kontinents und so etwas wie das Szene-Epizentrum der Westküste. Keine Woche, in der hier nicht ein spektakuläres neues Restaurant eröffnet, kein Monat, in dem deswegen in der Fachpresse nicht das alte „Hipper-than-thou!"-Konkurrenzspielchen zwischen L.A. und der City an der Bay in eine neue Runde geht. Meistens gewinnt Los Ange-

Wassersport-Paradies: Der Lake Tahoe an der Grenze zu Nevada ist der größte alpine See der USA – und mit einem Wasserstand von 500 Meter auch einer der tiefsten. Im Winter wird in den Bergen um ihn herum Ski und Snowboard gefahren; im Sommer zieht es Kanuten, Kajaker und Parasailer auf sein Wasser.

les, was aber selbstredend nichts an der Aura aus Stilbewusstsein ändert, die seit langem über San Francisco liegt und mittlerweile ein stattliches Stück über die Golden Gate Bridge hinaus nach Norden strahlt. Vielleicht noch nicht bis in die Hauptstadt Sacramento, auf jeden Fall aber bis Sonoma und Napa.

Das sind, klar, zwei kalifornische – ach was: zwei amerikanische – Filetstücke. Natürlich trumpfen sie drüben in New York mit ihrem ganzen „Ach-wir-sind-so-europäisch"-Charme auf – ja und? Und wie will der Kindergartenrummel, in den sich Vegas in den vergangenen Jahren verwandelt hat, wie – bitte schön – will der je gegen jene Dreieinigkeit von Sonne, Landschaft und Gastrokultur punkten, die das Leben hier bestimmt? Wenn man morgens sieht, wie die Sonne den Tau aus den Tälern hinausstreichelt, wenn man die Luft atmet und den Sommer riecht und beobachtet, mit welcher liebevollen Sorgfalt die Menschen hier die jungen Reben in den Fingern halten, dann ahnt man, dass möglicherweise etwas Wahres ist an dem Spruch, nach dem die Zeit hier am Reifegrad der Trauben gemessen wird. Abends setzt man sich dann mit einem Aperitif auf die Terrasse und schaut zu, wenn die Nacht wie Nebel aus der Erde steigt. Der Tag klammert sich nach Leibeskräften fest, als habe er sich in den Kopf gesetzt, die Party als Letzter zu verlassen. Dann verschwindet die Sonne irgendwann am Rand der Welt und goldener Lack versiegelt die sanften Hügel.

Ach ja. Vielleicht versteht man Kalifornien am ehesten, wenn man seinen Mythos Stück für Stück, Schlagwort für Schlagwort aufschlüsselt. Wollen wir? Dann los!

Kalifornische Mythen

California Dreamin': Der Über-Mythos. Natürlich wurde der kalifornische Traum nicht von den Mamas und Papas erfunden (die haben ihn nur in ihre watteweichen Engelsharmonien gepackt) – er existierte vielmehr schon immer in den Köpfen und Herzen. Kein Amerikaner ist je in seinem Leben aufgewacht und hat gedacht: Mensch, ich gehe nach Missouri. Oder nach: Nebraska, Michigan, Indiana. Aber Kalifornien! Möglicherweise ist Kalifornien ja sogar mehr Bedürfnis als Traum. Und dass Kalifornien als geografisch-bundesstaatliche Realität kaum etwas gemein hat mit jenem Kalifornien, das der Rest der Welt im Kopf hat: Auch das ist klar.

Die Forty-Niners: Die Gründerväter. Jene Millionen, die 1849 dem Lockruf des Goldes folgten und wie die Heuschrecken ins vermeintlich Gelobte Land einfielen. Ihre Gier nach dem Edelmetall machte aus der Wildnis im Westen innerhalb weniger Jahre einen Staat und aus Kaffs wie San Francisco Weltstädte. Die legendäre Mother Lode, die Mutter aller Goldadern, fanden sie allerdings nie. Heute rennen die Spieler des gleichnamigen Footballteams dem Ruhm hinterher.
Hollywood: Die Geldmaschine. Dass der Großraum Los Angeles ein höheres Bruttosozialprodukt aufweisen kann als ganz Afrika, hat er vor allem der Entertainment-Industrie zu verdanken. Die Welt unter dem weltberühmten H-O-L-L-Y-W-O-O-D-Schriftzug produziert aber nicht nur Milliardenumsätze, sondern auch Präsidenten und Gouverneure und vor allem dieses „Waiting-to-be-discovered“-Gefühl, das wie eine tröstende Wolke selbst über den heruntergekommensten Kaschemmen der Stadt schwebt: Auch hier sind Kellnerinnen und Stripperinnen nicht wirklich Kellnerinnen und Stripperinnen, sondern eigentlich Drehbuchschreiberinnen, Regisseurinnen und Oscar-Preisträgerinnen in spe. Nur entdeckt werden müssen sie noch.
Kalifornisch: Der „Lingo“. Kalifornien darf von sich behaupten, die Sprache mit dem größten Wortschatz der Welt beinahe im Alleingang auf vielleicht 987 Vokabeln zurecht gestutzt zu haben. Wirklich wichtig sind nur noch Worte wie „like“, „dude“ und „ohmygod“, die offensichtlich in jedem Satz verwendet werden müssen. Ein Belobigungs-Sternchen aber gibt es für die sprachlichen Finessen, mit denen Kalifornier ihren Kaffee bestellen – unter 15 Worten läuft da nichts: „I'll have a double shot mocha latte, no sugar, fat free milk, with a shot of almond syrup, no chocolate on top, to go, please!“ Das waren jetzt sogar 25!
Hotel California: Das Hotel. Das Original stand wahrscheinlich überhaupt nicht hier, sondern in Mexiko, da waren die Narkotika billiger und die Gesetze laxer. „Hotel California“ ist heute der meistgespielte Song des Planeten, und selbst wenn die Eagles nie ein anderes Lied geschrieben hätten – dieses eine allein hätte sie zu Multimillionären gemacht. Der Song wird an den Lagerfeuern dieser Welt übrigens gerne als Loblied verstanden, war aber als sarkastische Abrechnung mit dem kalifornischen Traum gemeint: „You can check out any time you like – but you can never leave.“
Go West! Der Drang nach Westen. Für die Pioniere war Kalifornien „the last frontier“. Manche wollen das bis heute nicht einsehen. Und nehmen ihre Surfbretter und reiten die Wellen

Der Murray Canyon Trail in den Indian Canyons ist eine wunderbare Strecke, um von Palm Springs etwas mehr zu sehen als die Villen der Reichen und ihre Golfplätze.

da draußen, als wollten sie diese letzte Grenze weiter hinaus in den Pazifik schieben. Übrigens: Wenn die Kalifornier nicht von ihrem Land schwärmen, dann lobpreisen sie Hawaii. Das liegt noch weiter im Westen.

Californication: Der Trend. Erfunden von der Rockband Red Hot Chilli Peppers, bezeichnet er die genetisch verankerte Neigung, sich die Welt zu unterwerfen, beziehungsweise sie zu kalifornisieren. Das funktioniert bislang auch ganz gut. Ur-kalifornische Erfindungen wie das Internet, der iPod, die Jeans, der Mikroprozessor, der Videorekorder und die Kreditkarte haben sich weltweit durchgesetzt. Und die Vergötterung der Schönheit in ihrer menschlichen Form unter Beifügung von Silikon: Die auch.

The Big One: Das Beben. Kalifornien hat es in nur zwei Lebensspannen von absoluter Wildnis zum bevölkerungsreichsten Staat der USA gebracht. Was nichts daran ändert, dass die allermeisten seiner Bewohner sich genau dort niedergelassen haben, wo sie eigentlich nicht sein dürften. Kalifornien steht auf wackligen Beinen, und statistisch ist „The Big One" längst überfällig. Baumärkte legen deswegen gerne bunte Prospekte in die Sonntagsausgabe der L.A. Times mit Angeboten für Notstromaggregate, Schaufeln, Beile und Mülltonnen zur Unterbringung der „Notfallhilfsmittel", des „Family Disaster Supplies Kit". Seid bereit!

Land der Visionäre

Bis es aber so weit ist, kann man den Lockruf der Westcoast weiterhin vernehmen. Vielleicht ist Kalifornien ja das letzte wahre Land der unbegrenzten Möglichkeiten. Als der Westen erschlossen wurde, blieb der Großteil der Siedler irgendwo entlang des Weges hängen. Lediglich jene, die noch immer das Neue, Unbekannte suchten: Die kamen nach Kalifornien. Das ist noch immer so. Und Kalifornien ist genau deswegen Kalifornien, weil sich hier all jene treffen, die zu kreativ, genial oder einfach nur ihrer Zeit ein paar Armlängen voraus waren, als dass sie sich anderswo je hätten wohl fühlen können. „Der Kontinent ist nicht ganz eben", hat der Architekt Frank Lloyd Wright – selbst so ein begnadeter Visionär – einmal gesagt, „alles, was anderswo locker ist, rollt früher oder später nach Kalifornien."

Und da sind sie jetzt also, sind aus Boston oder Washington gekommen und haben offensichtlich in Kalifornien genau das gefunden, was sie überall sonst vermisst hatten. Vielleicht haben sie es vorher noch nicht einmal gewusst. Wie man selbst, wenn man an der Küste entlang fährt und plötzlich das Gefühl hat, man gehöre hierhin.

PS: Als kleiner Trost für alle New York-Fans, die sich ganz zu Beginn dieses Textes angegriffen gefühlt haben, ein Zitat von Harry Ruby. „Ein Leben in diesem supergesunden Kalifornien verlängert die Lebenserwartung ja angeblich um zehn Jahre", hat der Broadway-Komponist einmal gesagt, „wenn das so ist, dann würde ich diese zehn Extra-Jahre bitteschön gerne in New York verbringen."

Seite 22/23:
Kleine Kirche mit großem Namen: San Carlos Borromeo del Rio Carmelo (oder auch: Carmel Mission) in Carmel-by-the-Sea ist eine alte spanische Missionskirche. Sie wurde 1770 gegründet und diente als Hauptquartier für sämtliche Missionen im nördlichen Kalifornien.

Seite 24/25:
Vergessenes Juwel: Der Kings-Canyon-Nationalpark zählt zu den weniger besuchten Nationalparks in Kalifornien. Vieles von dem, was Besucher im nahen Yosemite bewundern, findet sich auch hier – bloß ohne Staus und Menschenmassen.

Der Norden – weites, eindrucksvolles Land

Morgenstimmung in den Redwood National and State Parks im nördlichen Kalifornien. In den Schutzgebieten entlang der Küste steht beinahe die Hälfte aller noch existierenden Mammutbäume. Selbst an hellen und heißen Sommertagen kann eine Wanderung in diesen Hainen ein mystisches Erlebnis sein, wenn die vom Wald gespeicherte Feuchtigkeit Dunst und Nebel erzeugt.

Kaliforniens Norden ist anders: anders als das übrige Kalifornien, anders als der Rest der USA, und möglicherweise gibt es so etwas wie Nordkalifornien auf der ganzen übrigen Welt kein zweites Mal. Doch! Das ist so! Wo sonst bitteschön existiert so ein Setzkasten an Landschaften denn noch irgendwo? Solche tiefen, dunklen Wälder mit diesen kristallenen Seen. Solche majestätischen, schneebedeckten Vulkane, die aussehen, als habe sie jemand mit Aquarellfarben und ziemlich viel Wasser an die Himmelsleinwand skizziert, ganz hastig, als habe er selbst nicht an die Existenz derart perfekt geformter Berggipfel geglaubt. Solche vermoosten Haine voller Mammutbäume und Riesenfarne. Solche Küsten, an denen statt Handtüchern angespültes Holz liegt, von Salz und Sonne ausgebleichte Stämme, die im Licht des Mondes fahl zu leuchten scheinen.
Auch die Menschen hier kommen einem manchmal so vor wie menschliches Treibgut, das Karrieredruck oder Scheidungsanwälte oder einfach nur die Zeitläufte hier angeschwemmt haben. Aus Nebraska und Idaho, aus Florida oder Alabama. Oder aus Südkalifornien, das sich so schnell und so gründlich verändert hat, dass für viele dort einfach kein Platz mehr ist. Im Gegensatz zum Süden ist der Norden Kaliforniens weites und vor allem leeres Land. Von Sonoma und Napa und natürlich der Bay Area mit dem ewig jungen San Francisco einmal abgesehen kann man hier lange Stunden (oder auch Tage!) reisen, ohne das Gefühl zu haben, in einem der populärsten US-Staaten unterwegs zu sein. Natürlich ist der Norden kein touristisches Niemandsland. Wer aber Abwechslung vom Trubel des Südens sucht und in fabelhafter Natur durchatmen möchte: Der ist hier richtig.

Oben:
Hölzerne Modelle: San Franciscos Painted Ladies am Alamo Square sind beliebte Postkartenmotive. Vor dem großen Erdbeben und dem anschließenden Feuer 1906 waren fast alle Häuser der Stadt aus Holz gebaut; heute gibt es nur noch wenige dieser sogenannten Victorians.

Rechts:
Auf und Ab: Der plötzlich einsetzende Goldrausch ließ San Francisco innerhalb kürzester Zeit von der Zelt- zur Großstadt werden. Für eine ordentliche Stadtplanung blieb da keine Zeit – wo Hügel im Weg waren, wurde eben über Hügel hinweg gebaut.

Links:
Rauf und Runter: Auch die Lombard Street muss mit starkem Gefälle und Steigungen kämpfen – teilweise betragen sie 27 Prozent!

Seite 30/31:
Mit 825 000 Einwohnern gehört San Francisco nicht zu den großen Metropolen der USA (in der Peripherie der Stadt leben allerdings weitere 7,3 Millionen Menschen). Dank seiner kompakten Größe gehört San Francisco zu den wenigen US-amerikanischen Städten, die sich zu Fuß erkunden lassen.

SAFEWAY
SAFEWAY

Oben:
Das Transamerica Pyramid Building ist das architektonische Wahrzeichen von Downtown San Francisco. Der Architekt William Pereira hat es Ende der Sechzigerjahre entworfen; 1972 wurde es fertiggestellt.

Rechts:
Klassisches Hotel, klassisches Auto: Wer so vor dem Commodore Hotel vorfährt, beweist Stil.

Oben:
San Franciscos Straßenbahnen heißen Cable Cars, weil die Wagen mit Hilfe eines in Schienen verlaufenden Eisenkabels gezogen werden, das unaufhörlich in Bewegung ist. Losfahrende Bahnen klammern sich mit einem Greifmechanismus am Seil fest und lassen sich mitziehen; zum Bremsen muss man einfach loslassen.

Links:
Das Viertel Haight-Ashbury (benannt nach den sich hier kreuzenden Straßen Haight Street und Ashbury Street) war Ende der Sechzigerjahre Epizentrum der kalifornischen Flower-Power-Bewegung – und hat sich bis heute ein gewisses Hippie-Flair erhalten können.

Nach New York City besitzt San Francisco die größte chinesische Gemeinde der USA. Wie in NYC ist Chinatown auch hier eine Stadt innerhalb der Stadt – mit eigenen Bräuchen und Ritualen, und manche sagen: auch mit eigenen Gesetzen.

Traditionelle chinesische Medizin: Shirley Fongs „Wan Hua Co." ist einer der vielen Läden in Chinatown, in denen man Zutaten für TCM-Anwendungen bekommen kann.

Rechte Seite: *Da mag alles mit unverständlichen Zeichen ausgeschildert sein – Chinatowns Restaurants zumindest sind gut zu finden. Übrigens: Die beste Zeit für einen Besuch Chinatowns ist das chinesische Neujahrsfest – dann feiern hier Hunderttausende auf den Straßen.*

大酒楼
GOLDEN DRAGON
RESTAURANT
GOLDEN
COCKTAILS
Kam Lok Res
金樂飯
蔘茸藥材
贊寧堂公司
CHAN NING TONG CO.
CHINESE HERBS · DELICATESSEN
新華僑餐廳
Restaurant

Linke Seite:
2,7 Kilometer Makellosigkeit: San Franciscos Golden Gate Bridge gehört zu den schönsten Bauwerken des Kontinents. Sie wurde 1937 eröffnet und verbindet die Stadt mit dem Marin County und den nördlichen Landesteilen.

Für den Autoverkehr musste die Golden Gate Bridge im Laufe ihrer Geschichte nur dreimal geschlossen werden – jedes Mal wegen starker Windböen, die ein Befahren zu gefährlich erscheinen ließen. Für Passanten war die Brücke nach den Anschlägen vom 11. September 2001 lange Monate gesperrt.

Noch ein Wahrzeichen: Die Gefängnisinsel Alcatraz wurde 1934 eröffnet und später zum Hochsicherheitsgefängnis umgebaut; 1963 wurde die Haftanstalt geschlossen. Berühmte Insassen waren Al Capone, „Machine Gun“ Kelly und Robert Franklin Stroud. Angeblich gab es nur 14 Ausbruchsversuche, die alle erfolglos verliefen. Heute ist Alcatraz eine beliebte Touristenattraktion.

Sie kennen San Jose nicht? Nach Los Angeles und San Diego ist das die drittgrößte Stadt Kaliforniens und außerdem selbst ernannte Hauptstadt des Silicon Valleys. Unter anderem haben hier eBay, Cisco und der Software-Konzern Adobe ihren Hauptsitz.

Rechte Seite:
Die Witwe des Gewehrfabrikanten William Winchester ließ sich in San Jose in den Jahren ab 1884 ein etwas überdimensioniertes Privathaus errichten: Das „Winchester Mystery House" hat 160 Räume auf vier Etagen (vor dem San-Francisco-Erdbeben von 1906 waren es noch ein paar mehr). Angeblich fürchtete Sarah Winchester die Geister all jener Menschen, die durch die Gewehre ihres Mannes ums Leben gekommen waren – und hoffte, sich im Labyrinth ihrer Räume und Flure vor ihrer Rache verbergen zu können.

Die Stanford University in Palo Alto gehört zu den bedeutendsten Universitäten des amerikanischen Westens – und gilt mit einem Stiftungsvermögen von über 12 Milliarden US-Dollar als eine der reichsten der Welt. Zu den Absolventen gehören viele jener Firmenväter, die das Internetzeitalter geprägt haben, unter ihnen die Gründer von YouTube, HP, Sun, Cisco und Google.

Oben:
Als fahre man hinein in eine andere Welt: Allee bei Rutherford im Napa Valley.

Rechts:
Manchmal sieht Kalifornien auch heute noch so aus, als schrieben wir das Jahr 1932, und gleich kämen die Kirchgänger im Sonntagsstaat: die Alexander Valley Community Church.

Oben:
Rebenmeer: Kaliforniens Napa Valley hat ein beinahe mediterranes Klima und bringt einige der besten Weine der Neuen Welt hervor. Vor allem Cabernet Sauvignon, Chardonnay und Zinfandel werden hier angebaut. Unser Foto zeigt die Weinberge der Peter Michael Winery.

Links:
Hat gut lachen: Josh Chandler von den Lazy Creek Vineyards im Anderson Valley mit einer Flasche seines Weins.

Links oben:
Alles in Handarbeit: Winzer wie Jim Fresquez aus dem Lower Chiles Valley stecken viel Zeit, Geduld und Liebe in ihre Reben. Kein Wunder, dass sich die Ergebnisse schmecken lassen können.

Links Mitte:
Lisa und Ariana Peju von der Peju Province Winery im Napa Valley sind die zweite Generation im 1982 gegründeten Familienbetrieb in Rutherford. Gut und Umgebung sind vor allem für fruchtige Rotweine bekannt.

Links unten:
Walter Schug und seine Chardonnay-Reben im Sonoma Valley. Wie Napa gilt auch Sonoma als Geburtsort der kalifornischen Weinindustrie – Reben werden hier seit Mitte des 19. Jahrhunderts kultiviert. Beide Anbauregionen erzeugen zusammen allerdings nur etwa fünf Prozent aller kalifornischen Weine – die große Masse stammt aus den gewaltigen Weinbetrieben im Central Valley.

Unten:
Sieht aus wie in Südafrika: Die Chimney Rock Winery in kapholländischer Bauweise liegt allerdings in Napa.

„Roll, boys go, to Californio" – der Lockruf des Goldes

Das geht so, sagt Phinneas und schaufelt eine Handvoll Sand und Steine in die Blechpfanne, „one-two-three and ki-ckin', shake it like a chi-cken; four-five-six my ba-by, shake you like a la-dy". Ratsch! Die Steine sind weg, die großen wie die kleinen Kiesel, fortgespült im Rhythmus seiner Zauberformel, nur noch ein bisschen Gekrümel und ganz feiner pechschwarzer Sand sind in der Pfanne. Noch mal, sagt Phinneas und lässt wieder ein wenig Flusswasser in die Pfanne laufen. Murmelt wieder sein 1-2-3-Mantra von geschüttelten Hühnern und Frauen, und zehn Sekunden später liegt nur noch eine dünne Schicht von diesem schwarzen Sand auf dem Pfannenboden. Und oben auf dem Sand liegen zwei winzige, schimmernde Flöckchen. Und selbst, wenn man so was noch nicht in natura gesehen hat, weiß man augenblicklich, was das ist: Gold! Vom Magen springt ein komisches Gefühl mit einem Satz bis hinauf in die Kehle und man sieht Phinneas an, aber Phinneas schaut woanders hin. Zu einem Punkt irgendwo da draußen. Oder irgendwo in ihm drinnen. Sein Blick ist glasig, er sieht jetzt nichts mehr, aber die beiden Flöckchen, die hat er gesehen. Und jetzt steht ihm das Goldfieber in den Augen. Das Fieber, das ihn jahrzehntelang getrieben hat, ihn nicht loslassen wollte, an keinem Tag, in keiner Nacht. Das ihn aus seinem bürgerlichen Leben gerissen und ihn mit seinen Goldpfannen an die Flüsse der Sierra gezogen hat. Irgendwann beim Schütteln und Rütteln ist er zum alten Mann geworden, obwohl er gerade mal vierzig ist. Jetzt ist Phinneas pensioniert, hat einen Rückenschaden und redet murmelnd wie die Bäche, an deren Ufern er einen Großteil seines Lebens gehockt hat. Die zwei winzigen Flöckchen Gold in der Schale müssten ihm eigentlich völlig egal sein. Sind sie aber nicht. Die zwei winzigen Flöckchen Gold rufen ihn zurück in die Vergangenheit.

Menschen wie Phinneas gibt es viele in der Sierra Nevada. Menschen, die alles stehen und liegen gelassen haben, Arbeit, Haus, Frauen und Kinder, und die nächsten Jahre an verheißungsvoll raunendes Wasser gezogen sind. Weil irgendwer kurz zuvor genau an jener Stelle einen Nugget gefunden hatte. Weil sich so ein Treffer wie ein Lauffeuer herumgesprochen hat. Und weil es dann ganz schnell kein Zurück mehr gab: Wer den Lockruf des Goldes einmal vernommen hat, heißt es, den lässt er nicht mehr los.

Wie alles begann

Ihren Ruf als „Gold Country" hat Kaliforniens Sierra Nevada ihrer Geografie zu verdanken. Die Gipfel des beinahe sechshundert Kilometer langen Gebirgszuges fangen die vom Pazifik heranziehende Feuchtigkeit ab, die dann als Schnee hinunterfällt. Bei der Schmelze im Frühjahr spült ein sprudelndes Labyrinth aus Flüssen und Bächen das Edelmetall aus den Bergen in die Täler. Wilson Marshall muss das geahnt haben: Als der Zimmermann am 24. Januar 1848 beim Bau einer Sägemühle einen faustgroßen Nugget fand, bat er seine Arbeiter eindringlich um Stillschweigen. Aber Gold löst die Zungen, auch die verschwiegensten, und nur ein paar Wochen später berichtete San Franciscos Tageszeitung „The Californian" über den Fund und alsbald machte sich die größte Völkerwanderung seit den Kreuzzügen auf den Weg Richtung Westen. Innerhalb von zwei Jahren explodierte Kaliforniens Bevölkerung von 14 000 auf 100 000, zwei Jahre später waren es schon 250 000. Der Lockruf des Goldes schallte sogar bis zu den Matrosen im Hamburger Hafen: „Roll, boys go, to Californio" (was macht man nicht alles des Reimes wegen ...), „there is plenty of gold, so I've been told ...", solche Lieder wie der „Hamburger Veermaster" zogen auch die Europäer in die Sierra Nevada. Anders gesagt: An jenem 24. Januar 1848 war der Startschuss zur Erschließung des Westens gefallen.

Am Ende wurden nur wenige Goldgräber reich. Als die Masse der Menschen eintraf, waren die besten Claims bereits abgesteckt; wer trotzdem fündig wurde, verspielte sein Geld oder gab es in Saloons und Bordellen aus. Selbst einfache Waren kosteten während des Goldrausches Wucherpreise – am besten verdienten Händler und Kaufleute am Boom. Für Kalifornien aber hatte der Run auf das Edelmetall weitreichende Folgen. 1850 wurde es als 31. Staat in die Union aufgenommen – Reichtum und Bevölkerungsexplosion ließen sich nicht mehr länger ignorieren. Bis 1870 war die Bevölkerung auf über 560 000 Einwohner angewachsen. Von den 150 000 Native Americans, die vor Ausbruch des Goldrauschs auf dem Gebiet des späteren Staates lebten, waren zu diesem Zeitpunkt nur noch 30 000 übrig.

Links: *Auf die richtige Bewegung kommt es an: Weil Gold schwerer ist als Sand und Steinchen, bleibt es am Boden der Pfanne liegen, wenn diese richtig geschwenkt wird. Wer allerdings zu hastig ist, schwemmt auch mögliche Funde zurück ins Wasser.*

Oben: *Im Columbia State Historic Park wird die Goldrausch-Ära Mitte des 19. Jahrhunderts beschworen. Dazu gehört natürlich*

auch ein Store, in dem man die notwendige Ausrüstung für eigene Versuche erhält. Inklusive aufmunternder Hinweise wie „Get Rich Quick!"

Rechts oben:
Flugblatt für eine Dampfschiffpassage nach Kalifornien. Solche Transporte waren eine Alternative zum mühevollen, langwierigen und nicht ungefährlichen Weg über Land. Aus der Goldrausch-Ära stammt auch das Lied vom Hamborger Veermaster.

Rechts Mitte:
Bevölkerungsexplosion, auf Gold gebaut: Innerhalb eines einzigen Jahres stieg die Einwohnerzahl San Franciscos von 900 auf über 20 000 Menschen an. Die Aufnahme zeigt die Stadt im Jahre 1851.

Rechts:
Mühselige Suche: Goldwaschen ist eine anstrengende Arbeit. Das lange Hocken an kalten Flüssen führte dazu, dass viele Goldsucher an Rückenleiden erkrankten.

Oben:
Als das Gold weg war, blieb nur noch der Name: Farm bei Grass Valley in Kaliforniens Gold Country. Die Mother Lode, eine mythische Goldader von legendären Ausmaßen, wurde bis heute nicht entdeckt.

Rechts:
Amerikaner lieben Kostüme und die Verklärung ihrer Geschichte, und an Orten wie dem Columbia State Historic Park kommt beides zusammen: Die Gentlemen H. Ripley und S. Schaller in voller Montur.

Seite 48/49:
Der Humboldt Redwoods State Park ist Teil einer ganzen Reihe von Schutzgebieten, in denen die verbliebenen Mammutbaum-Bestände stehen. Viele Haine lassen sich bequem während eines Spaziergangs vom Parkplatz am Highway erreichen; trotzdem kann es einem passieren, dass man sich von einem Moment auf den anderen ziemlich allein fühlt.

Links:
Karl Keller in seiner Rolle als Proviantmeister im Columbia State Historic Park. „Geschichte zum Anfassen", bei der der Proviant aber bitteschön unangetastet bleibt.

Unten:
Der Mann ist ausnahmsweise echt: Phinneas ist Goldgräber. Und zwar ein richtiger.

Sequoias – Kathedralen der Sierra

Vielleicht hilft es, wenn man sie als die „Dinosaurier unter den Bäumen" bezeichnet – dann lassen sich all die Superlative besser einordnen, die sie umgeben. Mammutbäume sind die mächtigsten Gewächse der Welt und die größten Lebewesen auf dem Planeten. Einige Exemplare sind älter als die christliche Zeitrechnung. Bei anderen müssen sich acht oder neun oder zehn Menschen an den Händen fassen, um einmal um den Stamm greifen zu können. Die schwersten wiegen etwa 2400 Tonnen (ein Blauwal bringt es auf 140). Wenn man in einen Wald tritt, in dem sie stehen, hat es den Anschein, als gehe man mitten hinein in die Kulissen eines Fantasy-Filmes. Die Luft wird augenblicklich klarer und kühler, man läuft über Moos und zwischen großen Farnen hindurch. Und man bekommt ziemlich schnell Genickschmerzen, weil man immerzu den Kopf in den Nacken legt, um die Kronen der Bäume zu sehen, hoch oben, weit weg.
Vom kalifornischen Mammutbaum gibt es zwei Arten. Der Küstenmammutbaum (Sequoia sempervirens) wächst in einem schmalen, lang gezogenen Gebiet nahe des Pazifiks und weiter nördlich bis nach Oregon. Den Riesenmammutbaum (Sequoiadendron giganteum) findet man weiter südlich und im Landesinneren, zum Beispiel in dem nach ihm benannten Sequoia-&-Kings-Canyon-Nationalpark der Sierra Nevada. Im Englischen bezieht sich die Bezeichnung „Californian Redwood" auf beide Arten; der botanische Name Sequoia ehrt den Erfinder der Cherokee-Schrift: Sequoiah.
Als die ersten Europäer in die Neue Welt kamen, erstreckte sich ein ununterbrochener Waldteppich über weite Teile des Kontinents. Ein Eichhörnchen, heißt es, habe vom Atlantik bis zum Mississippi von Ast zu Ast hüpfen können, ohne ein einziges Mal auf den Boden springen zu müssen. Doch mit den ersten Siedlern fielen die ersten Bäume, und je mehr Menschen nach Westen drängten, umso breiter wurden die Schneisen in den Wäldern. Später professionalisierte die Holzindustrie den Kahlschlag, und Naturschützern gelang es nur langsam, viel zu spät oder überhaupt nicht, dem Wüten der Kettensägen Einhalt zu gebieten. Heute sind über 95 Prozent der alten Wälder verschwunden und auch von den Mammutbäumen stehen nicht mehr viele. Bevor die Europäer auf der Bildfläche erschienen, hatten die Giganten übrigens keine Feinde: Den Native Americans fehlten die Werkzeuge zum Fällen und Feuerbrünste können den Mammutbäumen nichts anhaben. Im Gegenteil: Weil sich ihre Zapfen erst nach einem Waldbrand öffnen, keimen ihre Samen in der nährstoffreichen Asche gewissermaßen außer Konkurrenz.

Nach dem Kahlschlag

Was geblieben ist, sind kümmerliche Reste: Hier ein Hain, dort eine Gruppe, manchmal sogar nur ein einzelner Baum, der wie ein mahnender Zeigefinger in den Himmel ragt. Aber selbst die letzten Überlebenden schaffen es, eine Ahnung davon zu vermitteln, wie es hier früher einmal ausgesehen haben muss. Man schaut nach oben und kann es nicht fassen, also setzt man sich vorsichtig in ihren Schatten und denkt erst einmal an überhaupt nichts. Hoch oben fächern Äste und Nadeln die Sonne zu feinen Strahlen auf, in denen Bienen wie im Scheinwerferlicht einer Bühne hin- und hersummen. Warm ist es, auf der Haut, und tief drinnen auch. Nach ein paar Minuten unter dieser Strahlendusche stellt sich ein Gefühl dafür ein, weshalb Kaliforniens Mammutbäume auch „Kathedralen der Sierra" genannt werden – die Stille hier ist wie die in einem Tempel oder einer Kirche. Und so, wie man dort ehrfürchtig vor der Kunst der Baumeister und der möglichen Anwesenheit von etwas Höherem sitzt, sitzt man hier vor Größe, Alter und Würde der Natur. Für kostbare Minuten ist man ganz allein mit sich selbst und diesen Bäumen, die schon hier standen, als in Europa noch nicht einmal Rom gegründet war. Ein Hauch von Wehmut liegt in der Luft, ein Moment der Traurigkeit. Und ein Satz von John Muir: „Der einfachste Weg ins Universum", hat er geschrieben, „führt durch die Wildnis eines Waldes."

Links:
Stille Größe: Mammutbäume im Sequoia-Nationalpark. Wenn sie noch jünger sind, also etwa hundert oder zweihundert Jahre alt, sehen sie ganz anders aus – der charakteristische astlose Stamm kommt erst in späteren Jahrhunderten zur Geltung.

Oben:
Zwischen 1900 und 2500 Jahre alt und der größte lebende Baum auf dem Planeten: Der General Sherman Tree steht im Giant Forest des Sequoia-Nationalparks. Der nach einem Bürgerkriegsgeneral benannte Baum hat ein Volumen von unglaublichen 1486,6 Kubikmetern Holz.

Bilder rechts:
Wie geht Mensch mit derart gewaltiger Größe um? Auf gar keinen Fall darf er die Mammutbäume unbeschadet lassen, das wäre ja noch schöner. Also tanzt eine Gesellschaft von 32 Personen auf dem Stumpf eines gefällten Riesen, ein anderer wird zum Holzhaus umgebaut. Natürlich kann man auf oder an solch einem Baum auch prächtig sinnieren – über Vergänglichkeit vielleicht? Oder über sinnlose Zerstörung?

Der Mount Shasta gilt vielen New-Age-Anhängern als besonderes Kraftfeld – und als Zuflucht der Bewohner von Atlantis. Andere wollen Jesus und Buddha beim Spazierengehen auf den Frühlingshängen des Berges beobachtet haben. Wer nicht über solche Fähigkeiten verfügt, für den ist der Mount Shasta einfach nur ein – schöner Berg.

Beeindruckende Felsen: The Needles, Giant Sequoia Monument.

Rechte Seite:
Der Manzanita Lake im Lassen-Volcanic-Nationalpark liegt gleich hinter dem Parkeingang. In vielen Monaten des Jahres ist er das Einzige, was motorisierte Besucher zu sehen bekommen – meist sind die restlichen Parkregionen bis in den Mai hinein tief verschneit.

Oben:
Trinidad nördlich von Eureka ist für seine spektakuläre Küstenlinie bekannt. Im Stadtgebiet allein gibt es zehn wunderbare öffentliche Strände.

Unten:
Das 1871 erbaute Pigeon Point Lighthouse gehört mit seinen 35 Metern zu den höchsten Leuchttürmen entlang der US-amerikanischen Pazifikküste. Das Gebäude steht etwa acht Kilometer südlich von Pescadero, sieht aber so aus, als würde es eher nach Neu-England gehören.

Rechts:
Große Freiheit: Eine Harley-Tour über den Highway 1 gehört zu den amerikanischen Mythen. Wie eine Cabriofahrt über die Route 66. Oder ein Ritt durch das Monument Valley.

Unten:
Keine Redwoods, aber trotzdem wunderschön: Oak Alley bei Tomales am Highway 1.

Oben:
Nah am Wasser: Über weite Passagen verläuft der Highway 1 direkt an der Küste entlang – wie hier bei Jenner.

Links:
Wer es bis hierhin geschafft hat auf der amerikanischen Landkarte, dem bleiben oft nur noch architektonische Träume: eigenwilliges Eigenheim bei Anchor Bay.

Unterwegs auf einem Mythos – der Highway 1

Das ist die berühmteste Straße in ganz Kalifornien – und sie ist nicht ganz einfach zu finden. Was daran liegt, dass sie gerne unter einem anderen Namen firmiert. Ganz offiziell heißt der Highway 1 nämlich „California State Route 1". Und ähnlich wie entlang der Route 66 – jener anderen mythenbeladenen „All-American Road" – haben sich auch an der kalifornischen Küste Städte und Bezirke sowie Tourismusbehörden und Marketingfirmen den Highway 1 unter den Nagel gerissen. Deswegen heißt er dort jetzt „Pacific Coast Highway" oder „Cabrillo Highway" oder auch „Shoreline Highway", und weil das alles noch nicht kompliziert genug ist, verschwindet er manchmal komplett im Highway 101.

Die Strecke beginnt in Los Angeles und führt unterhalb der Santa Monica Mountains nach Norden. Wem L.A. zu gigantisch und Santa Barbara zu touristisch ist, dem gefällt möglicherweise Ventura. Ziemlich bezaubernd liegt die pittoreske Innenstadt zwei Meilen abseits des Highways, der hier mit dem Highway 101 verschmolzen ist, die Berge im Rücken, den Pazifik vor den Straßencafés. Und wenn man abends am Strand spazieren geht, scheint Los Angeles ganz weit weg zu sein. Das alles hat offensichtlich schon den Spaniern gefallen: Deren 1782 erbaute Mission San Buenaventura war die Keimzelle der Stadt – und lohnt bis heute einen Besuch.

Viele andere Touristen sieht man nicht in Ventura; die meisten haben sowieso wenig Zeit für Zwischenstopps, weil sie ja wegen des Highways gekommen sind und deswegen auch überhaupt nicht von ihm weg zu bekommen sind. Aber auch wenn die Szenerie streckenweise atemberaubend ist – den Highway lernt man eigentlich erst dann kennen, wenn man sich die Zeit nimmt, ihn auch einmal zu verlassen. Und wo? Zum Beispiel am Hearst Castle, diesem Stein gewordenen Ego-Trip. Beinahe 30 Jahre beschäftigte der Zeitungsmogul William Randolph Hearst (Vorbild für Orson Welles' „Citizen Kane") Architekten und Handwerker, bis sein Wohnsitz vollendet war – ein 165-Zimmer-Museum voller florentinischer Möbel, flämischer Wandteppiche und mit Swimmingpools wie aus einer „Caligula"-Verfilmung. Und während man noch über menschlichen Größenwahn nachdenkt, führt der Highway einen auch schon nach Big Sur, wo die Natur sich ein klein wenig so gebärdet wie die Architekten von Mr. Hearst.

Big Sur und weiter

Dass Big Sur möglicherweise einer der schönsten Küstenabschnitte der Welt ist: Das haben schon Jack Kerouac und Hunter S. Thompson gewusst und sich zum Schreiben hierhin zurückgezogen. Big Sur bietet Möglichkeiten für viele Tage, man kann wandern, Muscheln sammeln, in einem der Luxusresorts für eine Übernachtung beinahe soviel ausgeben wie für den kompletten Urlaub – oder auch nur auf einer Klippe sitzen und in die Ewigkeit hinausschauen. Ein Tipp für alle, die nicht so viel Zeit haben: So früh los fahren, dass man schon sehr früh morgens hier entlang kommt, oder so lange trödeln, bis man von einem der kleinen Parkplätzen zusehen kann, wie der Abendnebel in die Sinfonie der Klippen schleicht.

Bei Big Sur beginnt übrigens der Paradeabschnitt des Küstenhighways. Carmel-by-the-Sea ein Stück weiter nördlich zehrt noch heute davon, dass Clint Eastwood hier Mitte der Achtziger zwei Jahre lang Bürgermeister war und der bis dato eher beschaulichen Künstler-Enklave jenen Hollywood-Glamour bescherte, den kalifornische Küstenorte offensichtlich einfach besitzen müssen. Alles andere kommt dann von ganz allein: die Staus am Wochenende, die japanischen Touristen, die restlos überzogenen Hotel- und Motelpreise. Und – in unmittelbarer Nachbarschaft – entwickelt sich dann zwangsläufig irgendwann die Idee, sich zumindest symbolisch abzuschotten: Der 17-Mile-Drive ist die einzige mautpflichtige Privatstraße der USA. Wer hier wohnt, wohnt mit Blick aufs unendliche Meer, und abends kommen dann Kennedys zum Drink oder Cruises oder wer auch immer hier noch sein Häuschen hat.

Hinter Monterey haben die meisten Highway-1-Touristen nur noch San Francisco im Visier. Dabei liegen nördlich der Golden Gate Bridge mindestens ebenso schöne Straßenabschnitte wie im Süden. Am Point Reyes National Seashore beispielsweise, wo Kalifornien so tut, als sei es Irland: sattgrüne, rollende Hügel, glückliche Kühe und Leuchttürme, an deren Füßen

Links:
Ikone: Straßenschild an Kaliforniens berühmtestem Highway. Weil solche Schilder immer wieder gestohlen wurden, sind die meisten mittlerweile mit speziellen Befestigungen gegen Diebstahl gesichert.

Oben:
Ab 1932 ermöglichte die Bixby Bridge südlich von Carmel Autoreisen in diesem Teilabschnitt der kalifornischen Küste. Angeblich warfen chinesische Arbeiter die Leiche eines tödlich verunglückten

die Brandung knabbert. Oder in Bodega Bay, einem kleinen, unspektakulären Fischerort mit netten Restaurants. Oder in Mendocino, von dem in den Siebzigern schon Michael Holm träumte. Mendocino ist keine zusammenhängende Stadt, eher eine lockere Folge von Häusern und kleinen Anwesen direkt am Meer. Tausend Einwohner, unter denen etwa tausend Künstler sein müssen, anders lassen sich all die Ateliers und Galerien nicht erklären.

Und dann sind da noch die Sonoma Coast State Beaches. Zum Glück ist das Wasser hier oben im Norden viel kälter als unten bei L.A., sonst wäre es wahrscheinlich sehr schnell vorbei mit der Ruhe. So aber hat man gleich am Highway zwanzig Kilometer Strand oft genug für sich allein: zum Joggen und Burgenbauen, zum Angeln oder Pelikane beobachten. Und wenn man dann wirklich will, kann man zurück zum Auto und weiterfahren. Aber nur, wenn man wirklich will.

Kollegens in den frisch gegossenen Beton eines Brückenpfeilers, um die weiteren Arbeiten unter einen guten Stern zu stellen – und sie nicht durch Polizeiermittlungen zu verzögern.

Bilder rechts:
Wenn kein Stau ist (kommt hier öfter vor) und kein Nebel die Sicht verdeckt (kommt noch öfter vor), gehört das gemächliche Cruisen auf dem Highway 1 zu den schönsten Unternehmungen einer Kalifornienreise ... vor allem, wenn man in einen derart glühenden Abendhimmel hinein fährt wie hier ... und dazu das passende Auto: ein 62er Cadillac Cabrio.

__Oben:__
Das also hat Michael Holm damals gemeint, als er „Mendocino“ besang. Hatte man sich nicht so schön vorgestellt, oder?

__Rechts:__
Nördlich von San Francisco wird Kaliforniens Küste rauer und in der Nähe des Russian Gulch State Parks ist sie schon ziemlich rau. Dafür dann aber auch ziemlich leer.

Links:
Wenn das irgendwo in Europa wäre, stünden hier jetzt wahrscheinlich Hotels: Küste bei Mendocino.

Rechts:
Zum Träumen schön: Küste bei Carmel-by-the-Sea.

Unten:
Bevor die Bixby Bridge 1932 eröffnet wurde, waren Reisende auf schlimmen Pisten unterwegs – für die knapp 50 Kilometer zwischen Monterey und Big Sur River und zurück brauchte man damals manchmal drei Tage.

Oben:
Seit sechs Jahrzehnten ein Zwischenstopp, den man einfach einlegen muss: Das Nepenthe Restaurant hoch über der Küste von Big Sur.

Links:
The Lone Cypress (Die einsame Zypresse) ist das Symbol von Pebble Beach auf der Monterey-Halbinsel. Der legendäre Golfplatz ist gleich um die Ecke.

Sieht ein bisschen aus wie auf Hawaii: Blick auf eine Bucht im Julia Pfeiffer Burns State Park.

Schöner Wohnen:
Will man eigentlich noch vor die Tür, wenn man so ein Zimmer im Post Ranch Inn in Big Sur bewohnt? Wir vermuten: Nein.

Oben:
Früher Konservenfabrikgelände, heute Touristenattraktion: An Montereys Cannery Row wurden einst Sardinen verarbeitet – heute kommen Tagesgäste und Durchgangsreisende. Die „Straße der Ölsardinen“ bringt also nach wie vor ziemlich viele Dollars in die Stadt.

Rechts:
„Cannery Row in Monterey in California is a poem, a stink, a grating noise, a quality of light, a tone, a habit, a nostalgia, a dream.“ (Eröffnungssatz aus John Steinbecks „Cannery Row“, 1945)

Links:
John Steinbeck hat der Cannery Row ein literarisches Denkmal gesetzt. Und würde sich heute wahrscheinlich wundern, dass aus dem entsetzlich stinkenden Fabrikareal eine auf Hochglanz polierte Touristenmeile geworden ist.

Ganz links oben:
Das Fandango Restaurant in Pacific Grove auf der Monterey Peninsula gehört zu den vielen erstklassigen Seafood-Restaurants in diesem Teil der kalifornischen Küste.

Ganz links unten:
Und auch dieser Mann weiß, wie man frischen Fisch, Krabben und Krebse aufregend zubereitet: Chef Brandon Miller vom Stokes Restaurant in Monterey.

Links:
Hunger? Frisches aus dem Meer bieten Verkäufer überall entlang der nördlichen Küste an.

Oben:
Von wenigen Details abgesehen sieht Salinas' Main Street fast so aus wie vor – sagen wir: 120 Jahren. In einem Land, das nach der Zukunft giert und nicht viel vom Blick zurück in vergangene Architekturepochen hält, ist so etwas schon ein kleines Wunder.

Rechts:
Das National Steinbeck Center in Salinas wurde 1977 gegründet und enthält die größte Sammlung an Schriften des berühmten Autors.

Ganz rechts:
Die Büste John Steinbecks steht in Monterey, wo der Autor seinen Roman „Cannery Row" ansiedelte. Aufgewachsen ist Steinbeck im Salinas Valley.

Das Monterey Bay Aquarium zählt mit seinen 35 000 Tieren und Pflanzen (und jährlich bis zu zwei Millionen Besuchern) zu den größten Aquarien der Welt. Zu sehen ist alles, was in den Gewässern vor Kalifornien schwimmt – Haie, Rochen, Seeotter und ein über 50-jähriger Hummer zum Beispiel. Für seine Quallen hat das Aquarium einen speziellen Tank entwickeln lassen, dessen kreisförmige Strömung die Bewegungen der Quallen unterstützt.

Unten:
Ist das ein Pool? Das ist ein Pool! Als der Zeitungsmagnat William Randolph Hearst sein Hearst Castle bei San Simeon plante, ließ er sich offensichtlich auch von einer gewissen römischen Dekadenz inspirieren – anders kann man solche Dimensionen in einem Privathaus schlecht erklären. Der Gebäudekomplex, den Hearst offiziell „La Cuesta Encantada“ („Der Verzauberte Hügel“), nannte, ist heute für Besucher geöffnet.

Rechts oben: Und so sahen die bescheidenen Räume für Besucher aus: Zimmer im Gästehaus des Hearst Castle. Insgesamt hat das Gebäude 56 Schlafzimmer, 61 Bäder, 19 Wohnzimmer sowie Tennisplätze, ein Kino, einen eigenen Flugplatz und den seinerzeit größten Privatzoo der Welt.

Rechts unten: Ausweichoption, falls es draußen tatsächlich mal zu kalt sein sollte: Hallenbad im Hearst Castle.

Stimmungsvolles Kalifornien: Morgennebel an der Morro Bay und Abendrot über den Oceano Dunes.

Variationen in Rot: Sonnenuntergänge in Big Sur (oben) und an einem Pier bei Oceano (links).

Oben:
Santa Cruz nennt sich gerne auch „Surf City USA" – tatsächlich wurde hier 1885 zum ersten Mal in den USA auf den Wellen geritten (erfunden wurde der Sport noch ein bisschen weiter westlich, auf Hawaii). Bis heute werden in Santa Cruz regelmäßig internationale Surfwettbewerbe ausgetragen.

Rechts:
Gehören in diesem Teil der Welt zum Straßenbild: Surfer auf dem Nachhauseweg in Santa Cruz.

Links:
Am Strand von Santa Cruz allgegenwärtig: Surfer in ihrem eigentlichen Element.

Der Süden – Sonne, Sand und Surfen

Santa Monica ist der Dreh- und Angelpunkt am Küstenabschnitt nördlich von Los Angeles. Was einen auch nicht wundern muss – die Strände sind weiß und weit, das Wetter so gut wie immer herrlich und das Hinterland spektakulär: Zwanzig Autominuten reichen, um vom Badehandtuch in unberührte Wildnis zu gelangen.

Hier sieht Kalifornien aus, wie man sich Kalifornien vorstellt – zumindest am Meer. Im Süden des Staates wird der Dreifaltigkeit von Sonne, Sand und Surfen gehuldigt, hier ist die Heimat der Golden Girls und Beach Boys, der blutroten Sonnenuntergänge und endlosen Sommer. Weit mehr als der Norden ist der Süden Kaliforniens für viele das Land der Verheißung geblieben. Und wird es wohl auch für immer bleiben.

Dabei zeigen sich vor allem hier die Probleme des Staates: Städte wie Los Angeles und San Diego dehnen sich seit Jahrzehnten metastasenartig aus, das Land wird allmählich knapp und erst recht das Wasser. Der Wildwuchs bei der Stadt- und Suburbiaplanung hat längst dazu geführt, dass Menschen überall dort wohnen, wo sie eigentlich nicht wohnen dürften. Und wenn wieder einmal einer jener verheerenden Waldbrände nichts übrig gelassen hat als rauchende Fundamente und vor CNN-Kameras weinende Hausbesitzer, dann dauert es meist nur wenige Wochen, bis aus der Asche eine neue Siedlung entstanden ist. Die dann wiederum auf die nächste Feuersbrunst wartet.

Auch die Nähe zu Mexiko prägt den Alltag Südkaliforniens. Nur wenige Meilen von San Diego entfernt erinnert die Grenze mit ihren Wachtürmen, Stacheldrahtverhauen und Hubschrauberscheinwerfern an Europa im Kalten Krieg. Es ist bittere Ironie, dass ausgerechnet jener US-Staat, der sich mit gewaltigem Hightech-Aufwand vor den illegalen Einwanderern abschottet, ohne sie nicht funktionsfähig wäre. Schließlich sind es mexikanische Tagelöhner, die in Kaliforniens Motels die Betten machen, in den Malls die Böden wienern und auf angloamerikanische Kinder aufpassen, deren Eltern morgens zwei Stunden zum Büro pendeln und abends zurück.

Noch so eine mythenbeladene Straße: Am Meer in Los Angeles, dort, wo es nicht mehr weiter nach Westen geht in den USA – dort endet die Route 66.

Tagsüber sieht es hier eher langweilig aus, mit dem Abend aber kommen die Farben und Stimmungen nach Los Angeles. Die nächtlichen Lichter der Stadt sind aus dem All als gleißend hell erleuchtete Fläche zu sehen – inmitten der allumfassenden Schwärze des Meeres auf der einen und der Wüste auf der anderen Seite.

Rechte Seite:
In einer Stadt, in der Kettenrestaurants und zigtausend Fastfood-Filialen den kulinarischen Alltag vieler Bevölkerungsschichten dominieren, ist eine Institution wie das „Roxy“ an L.A.s Sunset Strip beinahe schon eine Offenbarung.

9009
ROXY

Kleine Bilder links:
Hollywood ist überall in Los Angeles, und vielleicht stimmt es ja, dass Los Angeles in Wirklichkeit Hollywood ist: Wandmalereien, Filmsouvenirs und Wachsfiguren am Sunset Strip.

Unten:
Die berühmteste Buchstabenfolge des Westens: der Hollywood-Schriftzug. Das Schild wurde 1923 im Rahmen einer Werbeaktion aufgestellt und erlangte schon bald Berühmtheit. Mittlerweile ist es mit einem aufwändigen Sicherheitssystem ausgestattet.

Kleine Bilder rechts: *Auf dem Walk of Fame wird an die Leistung von Hollywood-Stars erinnert – wer hier seinen Stern bekommt, hat es längst geschafft. Das gleiche gilt für die Fingerabdrücke vor dem Mann's Chinese Theatre. Andere haben noch nicht so viel Glück, aber immerhin schon ziemlich viele Zuschauer – wie diese Straßenkünstler.*

Oben:
Frank Gehrys Walt Disney Concert Hall ist ein spektakuläres Stück Architektur. Die Konzerthalle wurde 2003 eröffnet; ihre Akustik gilt als superb.

Rechts:
Selbst für Museumsmuffel lohnt sich ein Besuch des Getty Centers in Brentwood: Schon Architektur und Gärten machen das Haus zu einer Sehenswürdigkeit.

Seite 82/83:
In der blauen Stunde kurz nach Sonnenuntergang ist sich der Mensch am ehesten bewusst, dass da draußen vielleicht noch mehr sein könnte, und für diese Momente der plötzlichen Erkenntnis ist das Griffith Observatory in L.A. natürlich der richtige Ort.

Oben:
Ja, doch: Auch der nach drei Seiten wuchernde Moloch Los Angeles hat ein Stadtzentrum – Downtown L.A. ist dort, wo die Wolkenkratzer in den Himmel über der Stadt ragen.

Links:
Betagter Straßenkreuzer auf der Melrose Avenue. Wie in keinem anderen Staat der USA gehen die Vorlieben der kalifornischen Autofahrer auseinander – neben solchen benzinfressenden Dinosauriern gibt es einen kräftigen Trend zu Hybrid- und Elektrofahrzeugen.

Rechts:
Unglaublich wie der „Incredible Hulk“ ist eigentlich die komplette Traumfabrik Hollywood: Besuchereingang der Universal-Studios in Universal City, einer firmeneigenen Filmstadt in der Nähe von Los Angeles. Um die Studios herum entstand schon in den Sechzigerjahren ein großer Vergnügungspark.

Ganz rechts:
Wirkt so ein bisschen wie ein Relikt aus einer anderen Kinozeit: Plastik-King-Kong auf dem Universal-Gelände. Das Filmstudio ist das zweitälteste Hollywoods. Bloß Paramount ist schon länger da – wenn auch nur vier Wochen.

Rechts:
Fototermin: Touristen vor der Universal-Weltkugel. Gegründet wurden die Studios übrigens 1912 von Carl Laemmle, einem deutsch-jüdischen Immigranten aus dem oberschwäbischen Laupheim.

Rechte Seite:
Traumschloss: Auch das Disneyland Resort in Anaheim gehört zu den großen Publikumsmagneten Kaliforniens. In guten Jahren kommen knapp 15 Millionen Besucher. Das erste Disneyland wurde bereits 1955 eröffnet.

Oben:
Yes, so schön kann man hier wohnen: Siedlung auf den Küstenklippen in der Nähe von Carlsbad. Es sind Grundstücke wie diese, die den Mythos Kalifornien auch in Zeiten der Rezession aufrecht erhalten haben.

Rechts:
Der Tag geht, die Spaziergänger kommen: Sonnenuntergang am Coronado Beach in San Diego.

Oben:
Dinner with a view: Restaurant bei Laguna Beach südöstlich von Los Angeles. Wegen ihrer zahlreichen Buchten und Strände zählt die Region um die 24 000-Einwohner-Stadt zu den schönsten in diesem Teil Kaliforniens.

Links:
Wer hier wohnt, hat entweder sehr viel verdient oder sehr viel geerbt, oder vielleicht auch beides zusammen: Beach Houses bei Malibu. Wegen seiner formidablen Wasser- und Wellenbedingungen trägt auch Malibu den Beinamen „Surf City USA". Leider ist der Wald ebenso nah wie das Wasser – die verheerenden Brände des Sommers 2007 ließen straßenweise rauchende Trümmer zurück.

Rechts oben:
Huntington Beach liegt im südkalifornischen Orange County. Berühmt ist das Städtchen für seine Wellen und seine Strände – aber welche Küstenstadt in diesem Teil Kaliforniens ist das nicht?

Unten:
Orte und Strände wie Venice Beach gibt es viele im Großraum Los Angeles. Beim Blick auf die Landkarte weiß man bei vielen nicht so genau, ob es sich um einen Strand handelt – oder um eine Stadt, die wie ein Strand heißt. Ist man erst einmal da, stellt man fest: Ist sowieso das Gleiche.

Rechts Mitte:
Rückenansichten: Ein Quartett California Girls am Strand.

Rechts unten:
Avalon ist die „Hauptstadt“ von Santa Catalina Island, einer Felseninsel vor der südkalifornischen Küste. Die Insel ist knapp 200 Quadratkilometer groß und vor allem für ihre – Achtung: Bisons berühmt. Die Ahnen der Tiere waren 1920 für die Dreharbeiten zu einem Stummfilmwestern auf die Insel importiert worden und vermehrten sich dort prächtig. Vor ein paar Jahren verschiffte man dann hundert Tiere nach South Dakota; etwa 120 aber grasen nach wie vor auf der Insel.

Oben:
Hier ist der Strand nie weit: Venice Beach.

Rechts:
Lässig, sehr lässig: Café in Venice Beach.

Ganz rechts:
Surfin' USA: Spätestens mit den Hits der Beach Boys hat sich das Surfen nicht nur in der kalifornischen Kultur verwurzelt, sondern auch das Straßenbild erobert – wie zum Beispiel an dieser bemalten Hauswand in Venice Beach.

Rechts:
Wenn der Hund zu munter und Herrchen zu faul ist, dann führt man ihn eben auf dem Fahrrad Gassi. Dog Biking nennt man das in Kalifornien.

Oben:
Manchmal hat man mehr Ruhe, wenn man sich ein wenig über die Dinge erhebt: Pärchen auf dem Pier in Santa Monica.

Links:
Gewichtsklassen: Freunde am Strand von Santa Monica.

Oben:
So etwas gibt es auch nur in den USA: Der Mission Bay Park ist ein 17 Quadratkilometer großes Schutz- und Erholungsgebiet am Stadtrand von San Diego – gleich nebenan sind die Grundstückspreise in den vergangenen Jahren in astronomische Höhen gestoßen. Der Park ist vor allem bei Wassersportlern, Anglern und Joggern beliebt.

Rechts:
Die 1798 gegründete Mission San Luis Rey de Francia in Oceanside gilt als herausragendes Beispiel für spanische Missionsarchitektur in Kalifornien. Die heutige Kirche stammt aus dem Jahr 1811.

Oben:
Wunderbares Ausgehviertel: San Diegos Gaslamp Quarter ist der Dreh- und Angelpunkt des Nachtlebens der Stadt. Seinen Namen gaben ihm die Gaslaternen, die es bis Anfang des 20. Jahrhunderts beleuchteten.

Links:
Der Balboa Park ist so etwas wie das kulturelle Herzstück San Diegos: Hier gibt es Museen, Galerien und – hier im Bild – das Prado Theatre. Falls einem hier das ein oder andere seltsam vertraut vorkommt: Viele Sequenzen aus Orson Welles' „Citizen Cane" wurden im Balboa Park gedreht.

Unten:
San Diegos „Sea World“ gehört zu einer äußerst erfolgreichen Freizeitpark-Kette, in denen das Erlebnis zwischen Mensch und Meeresbewohnern im Mittelpunkt steht. Das Konzept ist alles andere als unumstritten: Tierschutzorganisationen beklagen seit Langem die Haltung von Delfinen, Haien und Orcas in Einrichtungen der Unterhaltungsindustrie.

Rechts oben:
Beluga-Wal in der Sea World. Die weißen Wale gehören zu den aufregenden Attraktionen des Freizeitparks ...

Rechts Mitte:
... während die Flamingos der Sea World eher unspektakulär erscheinen – aber trotzdem wunderschön sind.

Rechts unten:
Natur zum Anfassen: Eine junge Besucherin untersucht einen Seestern in San Diegos Sea World.

Oben:
Leben an, mit und auf dem Wasser: Segelboote im Hafenbecken von San Diego.

Rechts:
Manchmal kann Glück so einfach sein – manchmal braucht man nicht mehr als zwei Fahrräder, einen Picknickkorb und den Strand vor der Haustür. Und seine Lieben natürlich.

Links:
… und wenn gerade kein Strand in der Nähe ist, tut es auch eine Wiese auf einer Klippe mit Blick auf den Pazifik.

Seite 100/101:
Im Licht der tiefen Sonne sehen die Dünen im Death Valley malerisch verlockend aus – in der Hitze des Tages aber verwandeln sie sich in einen geologischen Hexenkessel mit mörderischen Temperaturen.

Oben:
Zabriskie Point im Death-Valley-Nationalpark wurde nach Christian Zabriskie benannt, dessen Unternehmen hier zu Beginn des 20. Jahrhunderts Borax abbaute. Filmfans kennen die Region auch aus Michelangelo Antonionis Roadmovie gleichen Namens.

Rechts:
Wie gemalt: Vom Wind geriffelte Sanddünen im Monument Valley.

Oben:
Die Wandernden Felsen auf der Racetrack Playa im Death Valley geben der Wissenschaft noch immer Rätsel auf. Ganz klar ist nämlich bis heute noch nicht, wie sich die oft stattlichen Steine durch die Wüste bewegen (und dabei ihre charakteristischen Schleifspuren hinterlassen). Offensichtlich bewegen orkanartige Windböen die bis zu 350 Kilo(!) schweren Brocken; eindeutig bewiesen ist das allerdings nicht.

Links:
Der Ubehebe Krater im Death Valley ist knapp 7000 Jahre alt und entstand wahrscheinlich bei einer gewaltigen Detonation, als Magma an die Nähe der Erdoberfläche gelangte und dort auf Grundwasser traf.

Rechts:
Paradies für Kletterer, Wüstenfüchse und Eremiten auf Zeit: Der Joshua-Tree-Nationalpark ist ein über 3000 Quadratkilometer großes Schutzgebiet im Landesinneren. Namensgeber ist der Joshua Tree (deutsch: Josua-Palmlilie), der kein Kaktus, sondern eine Yucca-Art ist. Seinen Namen gaben ihm die Mormonen: Sie verglichen seine Äste mit den zum Himmel gereckten Armen Josuas.

Rechte Seite:
Einer von vielen Canyons der Region: Schlucht in der „Hole in a Wall Area" in der Mojave National Preserve. Die Mojave-Wüste ist beinahe 60 000 Quadratkilometer groß; ihre Ausläufer reichen bis nach Nevada und Arizona. Der Joshua Tree ist die Indikatorenpflanze für die Wüste – wo er vorkommt, ist Mojave.

Rechts:
Wind-Werk: Wenn man Böen und Stürmen lange genug Zeit lässt, vollbringen sie manchmal kleine Wunder – und schaffen Formationen wie diesen Sandsteinbogen bei White Tanks im Joshua-Tree-Nationalpark.

Seite 106/107:
Fremde Welten. Wenn man vom Font's Point hinunter in den Anza-Borrego Desert State Park schaut, sieht Kalifornien ein wenig so aus wie ein fremder Planet.

__Oben:__
Leben in der Wüste: Scotty's Castle im Death Valley ist nach Walter Scott benannt. Der überredete in den Zwanzigerjahren des vergangenen Jahrhunderts einen Chicagoer Millionär, einen Landsitz in der Wüste zu bauen (und nebenbei eine ziemliche Summe in die Goldminen um die Ecke zu stecken). Der Börsencrash von 1929 machte den Träumen ein Ende. Das „Schloss“ kann heute besucht werden.

__Rechts:__
Wegweiser: Die Teakettle Junction ist eine Kreuzung mitten im Death Valley – und damit mitten im Nichts. Teetassen gibt es genug – allerdings nichts, mit dem man sie füllen könnte.

Links:
Glaube in der Wüste: Diese kleine, weiß getünchte Kirche steht in einem Palmenhain des Anza-Borrego Desert State Parks.

Unten:
Geisterstädte wie die Calico Ghost Town gibt es in Kalifornien viele. Einst waren sie voller Menschen, die auf der Suche nach Gold oder Silber oder anderen Bodenschätzen gekommen waren. Dann versiegten die Vorkommen. Die Menschen zogen weiter und ließen leere Orte zurück, durch die seitdem nachts der Wind pfeift.

Rechts:
In der Wüstenoase Palm Springs scheint an 354 statistischen Tagen im Jahr die Sonne, und die Niederschlagsmenge beträgt nur 15 Zentimeter – so viel fällt in Europa oft während eines viertelstündigen Schauers. Vor allem ihre warmen, trockenen Winter haben die Stadt zu einem beliebten Wohnort älterer, wohlhabender Kalifornier werden lassen. Das Wasser der Oase reicht da natürlich schon lange nicht mehr aus – der mittlerweile gigantische Wasserverbrauch muss mit Zulieferungen von außen gedeckt werden.

Links:
Kaliforniens größter See heißt nicht wie einer – sonst würde er Salton Lake heißen. Die oder der Salton Sea jedenfalls ist je nach Wassermenge um die 900 bis 1000 Quadratkilometer groß und liegt in der Sonora-Wüste im Süden des Staates. Entstanden ist er, als 1905 am Colorado ein Staudamm brach und die Wassermassen ins Imperial Valley strömten.

Sierra Nevada – legendäres „Gold Country“

Seite 114/115:
Rafter auf dem Merced River im Yosemite-Nationalpark. Der Fluss entspringt weiter nördlich, um anschließend durch das Yosemite-Valley zu fließen.

Rechts:
Wenn man im Yosemite Valley ein oder zwei Stunden von den Parkplätzen weg wandert, wird man mit absoluter Einsamkeit in berauschender Natur belohnt – wie hier auf dem Trail zum Sentinel Dome.

Man kennt diese Bilder, aber oft genug verbindet man sie nicht mit Kalifornien: In den Bergen der Sierra Nevada sieht Kalifornien eher wie Kanada in einem schönen Sommer aus, oder wie Colorado in den Rockies. Auf keinen Fall aber wie das Klischee-Kalifornien, das man zu kennen glaubt.

Auf einer Länge von 650 Kilometern ragen Gipfel und Grate zwischen dem Fredonyer Pass im Norden und dem Tehachapi Pass im Süden in den blauen Himmel, und am höchsten hinauf ragt der Mount Whitney mit immerhin 4421 Metern. Einige der berühmtesten Landschaften Kaliforniens liegen in der Sierra, Nationalpark-Legenden wie Yosemite zum Beispiel, aber auch die weniger bekannten Parks wie Sequoia und Kings Canyon, wo in geschützten Hainen gewaltige Mammutbäume stehen.

Ihren Ruf als „Gold Country“ hat die Sierra Nevada ihrer Geographie zu verdanken. Die Gipfel des Gebirgszuges fangen die vom Pazifik heranziehende Feuchtigkeit ab, die dann als Schnee hinunterfällt. Bei der Schmelze im Frühjahr spült dann ein sprudelndes Labyrinth aus Flüssen und Bächen das Edelmetall aus den Bergen in die Täler. James Wilson Marshall muss das geahnt haben: Als der Zimmermann am 24. Januar 1848 beim Bau einer Sägemühle einen faustgroßen Nugget fand, beschwor er seine Arbeiter zum Stillschweigen. Aber Gold löst die Zungen, auch die verschwiegensten, und nur ein paar Wochen später berichtete San Franciscos Tageszeitung „The Californian“ über den Fund, und alsbald machte sich die größte Völkerwanderung seit den Kreuzzügen auf den Weg. Innerhalb zweier Jahre explodierte Kaliforniens Bevölkerung von 14 000 auf 100 000, zwei Jahre später waren es schon 250 000. Anders gesagt: An jenem 24. Januar 1848 war der Startschuss zur Erschließung des Westens gefallen.

Oben:
Und das ist der höchste Wasserfall in Nordamerika! Über eine Länge von 739 Metern stürzt das Wasser die Yosemite Falls in die Tiefe, was den Wasserfall sogar zum sechsthöchsten der Welt macht. In Jahren mit wenig Schnee kann das Wasser im Spätsommer völlig versiegen – dann machen sich waghalsige Kletterer daran, die Senkrechte zu erklimmen. Ein lebensgefährliches Unterfangen – ein einziges Nachmittagsgewitter irgendwo in den Bergen, und die Wasserfälle sind plötzlich zurück.

Rechts:
Noch einer: Vernal Fall ist 97 Meter hoch; sein oberes Ende kann über den „Mist Trail" erreicht werden, auf dem Wanderer oft in Wassernebel gehüllt sind.

Ganz links:
Neben El Capitan ist der Sentinel Dome wohl der berühmteste Felsen im Yosemite-Nationalpark. Oben auf dem „Wachturm aus Granit" stand früher die berühmte Jeffrey Pine. Der Baum war zwar bereits bei der großen Dürre von 1976 vertrocknet, hielt aber bis August 2003 durch. Mittlerweile ist er verschwunden.

Links:
Wunderbare Ausblicke: Blick zum Half Dome von einem Trail nördlich des Nevada Falls.

Unten:
181 Meter donnert das Wasser des Nevada Falls in die Tiefe. Seinen Namen hat er vom weißen Wassernebel, der in der Mitte des Sturzes durch einen querliegenden Felsen entsteht – im Spanischen bedeutet nevada so viel wie schneebedeckt.

Oben:
Es gab eine Zeit, da schien es unmöglich, dass je ein Kletterer den El Capitan bezwingen könnte – heute ist der Felsen im Yosemite-Nationalpark so etwas wie der Standard in der „Big-Wall-Climbing-Szene“.

Rechts:
Das Ahwanee Hotel beherbergt schon seit 1927 Besucher des Yosemite-Nationalparks. Stanley Kubrick diente es als architektonisches Vorbild für das Overlook Hotel aus dem Film „Shining“, in dem Jack Nicholson zum von Erscheinungen getriebenen Mörder wird.

Wacholderbäume an der Tioga Pass Road, der nordöstlichen Zufahrtsroute in den Yosemite-Nationalpark. Das Holz der Wacholderbäume duftet ziemlich aromatisch; Spaziergänge im Park haben deshalb oft angenehme olfaktorische Begleiterscheinungen.

Grant Grove ist ein Mammutbaum-Hain im Kings-Canyon-Nationalpark. Chef im Ring ist „General Grant“, ein Sequoia mit 12,3 Metern Durchmesser am Boden. „Robert E. Lee“ ein paar Meter weiter ist deutlich kleiner – aber immerhin auch noch der elfthöchste Baum der Welt.

Seite 120/121:
Überwältigend: Blick vom Glacier Point hinunter ins Yosemite Valley. Hier oben schlug der Naturschützer John Muir zusammen mit Theodore Roosevelt 1903 die Zelte auf – und überzeugte den Präsidenten, die Verwaltung des Parks dem Staate Kalifornien zu entziehen und der Bundesregierung zu übertragen.

„Gott atmen sehen“ – die kalifornischen Nationalparks

Hier ist Amerika noch so, wie es einst überall war – bevor das Zeitalter der Interstates, Shopping-Malls und Suburbia-Siedlungen anbrach und das Gesicht des Kontinents ein für alle Mal veränderte. Auf einer Fahrt durch die Nationalparks Kaliforniens staunen selbst Reisende, die schon viel von der Welt gesehen haben, darüber, wie viel unzerstörte, atemberaubende Natur es in diesem Land doch noch gibt. Darüber, wie faszinierend vielfältig Land und Landschaften auf diesem Planeten sein können. Und darüber, wie nah beieinander sie manchmal liegen.

Die Idee, unter Schutz zu stellen, was einzigartig und erhaltenswert schien, hatte der US-Kongress in Washington bereits 1872 in Gesetzesform fließen lassen. Die Gründung des Yellowstone-Nationalparks in Wyoming war damals Vorbild für eine globale Bewegung; bis heute gibt es über 1200 Nationalparks in über hundert Staaten. In den USA ist der National Park Service für fast 400 Parks, Monumente und historische Stätten verantwortlich. Einige der spektakulärsten liegen in Kalifornien. Und einer der berühmtesten auch.

Denn das ist der Yosemite-Nationalpark, und er ist noch mehr als berühmt – populär zum Beispiel. 3,3 Millionen Besucher kamen in den vergangenen Jahren pro Saison und machten „Jo-SÄ-mi-tie“(!) zum drittbeliebtesten Nationalpark des Kontinents (lediglich der Great Smoky Mountains National Park in Tennessee und Arizonas Grand Canyon National Park haben mehr Besucher). Irgendwer hat recherchiert, dass es über kein anderes Stück kalifornische Natur mehr Literatur gibt, mehr Fotobände, mehr Kalenderblätter. Und kein anderes Stück Natur besitzt eine auch nur ähnlich kolossale emotionale Bedeutung wie der 1890 gegründete Nationalpark am Rande der Sierra Nevada. Yosemite ist ein Wahrzeichen. Eine Legende. Ein Mythos, tief und fest verankert in der amerikanischen Psyche – Yosemite ist Amerika. Oder zumindest Kalifornien.

Als sein Schicksal zum ersten Mal auf der Kippe stand, überredete der Umweltschützer John Muir den damaligen Präsidenten der USA zu einem dreitägigen Zeltlager im Park. 1903 war das und Yosemite war noch etwas kleiner, der kalifornische Staat verwaltete den Park eher leger und ließ die Holzindustrie in den Mammutbaum-Hainen just außerhalb seiner Grenzen wüten. Nach seiner Reise aber vergrößerte Teddy Roosevelt das Schutzgebiet und unterstellte es dem strikten Schutz Washingtons. Später kümmerte er sich immer wieder um Amerikas bedrohte Natur, sichtlich beeindruckt von den Nächten unter den Sternen. Es gibt Leute, die sagen: Das war der Schub, den es brauchte. Oder anders gesagt: Wenn Yosemite nicht gewesen wäre, würde es heute möglicherweise auch den Glacier National Park nicht geben. Oder Canyonlands oder Big Bend oder Arches. Vielleicht hätten wir dann überhaupt keinen Nationalpark in den USA.

Nationalpark der Superlative

Yosemite ist ein Park der Superlative. Seine Wasserfälle sind mit 739 Metern die höchsten des Kontinents. 1500 Pflanzen- und 35 Baumarten sind hier heimisch, 85 Säugetierspezies, 150 Vogelarten. Und dann die schiere Ausdehnung! In seine 3000 Quadratkilometer könnte man locker den US-Bundesstaat Rhode Island packen, oder das komplette Saarland. 95 Prozent der Parkfläche ist sogenannte „wilderness“ – so werden in den USA Gebiete bezeichnet, die den höchsten Naturschutz genießen. Ironischerweise sind es ausgerechnet die übrigen fünf Prozent, die Yosemite auch zu einem Park mit Problemen der Superlative machen: Hierhin, ins Yosemite Valley mit seinen Hotels und Restaurants und Galerien, strömen die Massen.

Jahrelang hat der National Park Service sehr viel Geld für Werbemaßnahmen ausgegeben, die Besucher in die unbekannteren kalifornischen Parks locken sollten – doch im nächsten Frühjahr pilgerten alle wieder nach Yosemite. Deswegen ist man anderswo in Kaliforniens Natur oft mehr oder weniger allein unterwegs: im Lassen-Volcanic-Nationalpark zum Beispiel, im Joshua-Tree- und im Death-Valley-Nationalpark, im Channel-Islands- und im Sequoia-&-Kings-Canyon-Nationalpark.

„Man kann Gott atmen sehen in Yosemite“, hat ein Wanderer in das Buch geschrieben, das im Besuchszentrum des Valleys ausliegt, „man muss nur losgehen und danach Ausschau halten“. Zum Glück kann einem das auch in den anderen Nationalparks passieren.

Links: *Eichhörnchen im Yosemite-Nationalpark. Andere hier – und in den übrigen Parks Kaliforniens – lebende Tiere sind Schwarzbär, Waschbär, Stachelschwein und Kojote. Pumas und Dickhornschafe sind selten.*

Oben: *Herzstück des Parks: Das Yosemite Valley.*

Bilder rechts: *Historische Begegnung: Mit Hilfe von Präsident Roosevelt gelang es Muir, Yosemite unter Schutz zu stellen (ganz oben). Der Mann, der den Westen rettete – diesen Ruf genießt John Muir bei vielen Naturschutzfreunden der USA. Der Naturalist und Schriftsteller wurde 1838 geboren und setzte sich sehr früh für den Erhalt der US-amerikanischen Wildnis ein. Muir gilt als Gründer der modernen Umweltschutzbewegung. 1868 kam Muir in San Francisco an – und machte sich sofort auf den Weg in die Sierra. Nach seinem ersten Besuch im Yosemite Valley schrieb er in sein Notizbuch: „Kein von Menschenhand geschaffener Tempel kann es mit Yosemite aufnehmen.“ Während seiner Forschungen gelangte Muir zu dem Schluss, dass eiszeitliche Gletscher das Yosemite Valley geformt haben müssen – eine Annahme, die sich völlig konträr zur damaligen Lehrmeinung verhielt, nach der das Tal durch ein gewaltiges Erdbeben entstanden war. Muir hatte Recht.*

Oben:
Heiße Quellen: Hot Creek in der Nähe von Mammoth Lakes in der kalifornischen Sierra. Das Wasser des Flusses mischt sich aus Schmelzwasser und thermischen Quellen und ist um die 20 Grad warm – wenn man weiß, an welcher Stelle man hineingehen muss.

Rechts:
Tuff-Formationen am Mono Lake. Der alkalische Salzsee liegt östlich des Yosemite-Nationalparks in der Nähe der Ortschaft Lee Vining. In den vergangenen Jahren ist der Wasserspiegel des Mono Lakes dramatisch gefallen, weil immer mehr Wasser zur Trinkwasserversorgung von Los Angeles abgeleitet werden musste.

Oben:
Seenlandschaft, 1: Der Convict Lake ist nach einer Gruppe Strafgefangener benannt, die hier von einem Gesetzeshüter namens Robert Morrison gestellt wurden. Morrison starb bei dem Feuergefecht, bekam posthum dann aber auch einen Berg nach sich benannt: Mount Morrison liegt gleich hinter dem Strafgefangenen-See.

Links:
Seenlandschaft, 2: Wahrscheinlich gibt es auch zum Silver Lake eine passende Geschichte. Wir vermuten: Irgendwann hat hier jemand Silber gefunden …

Freizeitparadies Lake Tahoe! Wanderer, Radfahrer, Parasailer und Yachties fühlen sich an den Ufern von Kaliforniens berühmtestem See gleichermaßen wohl.

Bilder rechts:
Bei so viel Panorama ist dann natürlich auch Hollywood nicht weit: Am Lake Tahoe stand die Ponderosa Ranch der Cartwrights aus der TV-Serie „Bonanza".

Oben:
Noch mehr Bonanza-Country: Die Sierra Nevada bei Lee Vining. Das kleine Örtchen an der Tioga-Passstraße ist wichtiger Durchgangspunkt für Yosemite-Besucher – zumindest in jenen Monaten, in denen die Straße befahrbar und nicht wegen Schnees gesperrt ist.

Rechts:
Those were the days: Oldtimer in Bishop, Kalifornien.

Links:
Bodie ist eine prächtig erhaltene Geisterstadt mit 170 komplett erhaltenen Gebäuden. Seinen Boom verdankte es in den Jahren nach 1859 natürlich dem Gold.

Unten:
Als seien gestern noch alle hier gewesen, und dann plötzlich verschwunden: Laden in der Geisterstadt Bodie.

Oben:
Noch einer dieser wunderschönen Gebirgsseen: Caples Lake in der Sierra Nevada.

Rechts:
Der Mount Whitney Trail in der John Muir Wilderness führt zum Gipfel des höchsten Berges in den sogenannten Lower 48 (also den USA ohne Hawaii und Alaska) – der Mount Whitney ragt 4421 Meter in den Himmel über der Sierra.

Oben:
Weites, leeres Land: Wheeler Flat bei Sonora Junction am Highway 395.

Links:
Wenn der Herbst in die Sierra Nevada zieht, bringt er die Farben mit. Im Osten der USA kann man dann vor lauter Besuchern den Wald meist nicht mehr sehen, hier aber …

Seite 132/133:
Die Ostseite des Mount Whitney. Bergsteiger bezwingen den Gipfel meist in zwei oder drei Tagen. Der Aufstieg gilt als technisch einfach, aber anstrengend.

Register

Google maps Deutschland

Adresse **Temecula, Kalifornien Vereinigte Staaten**

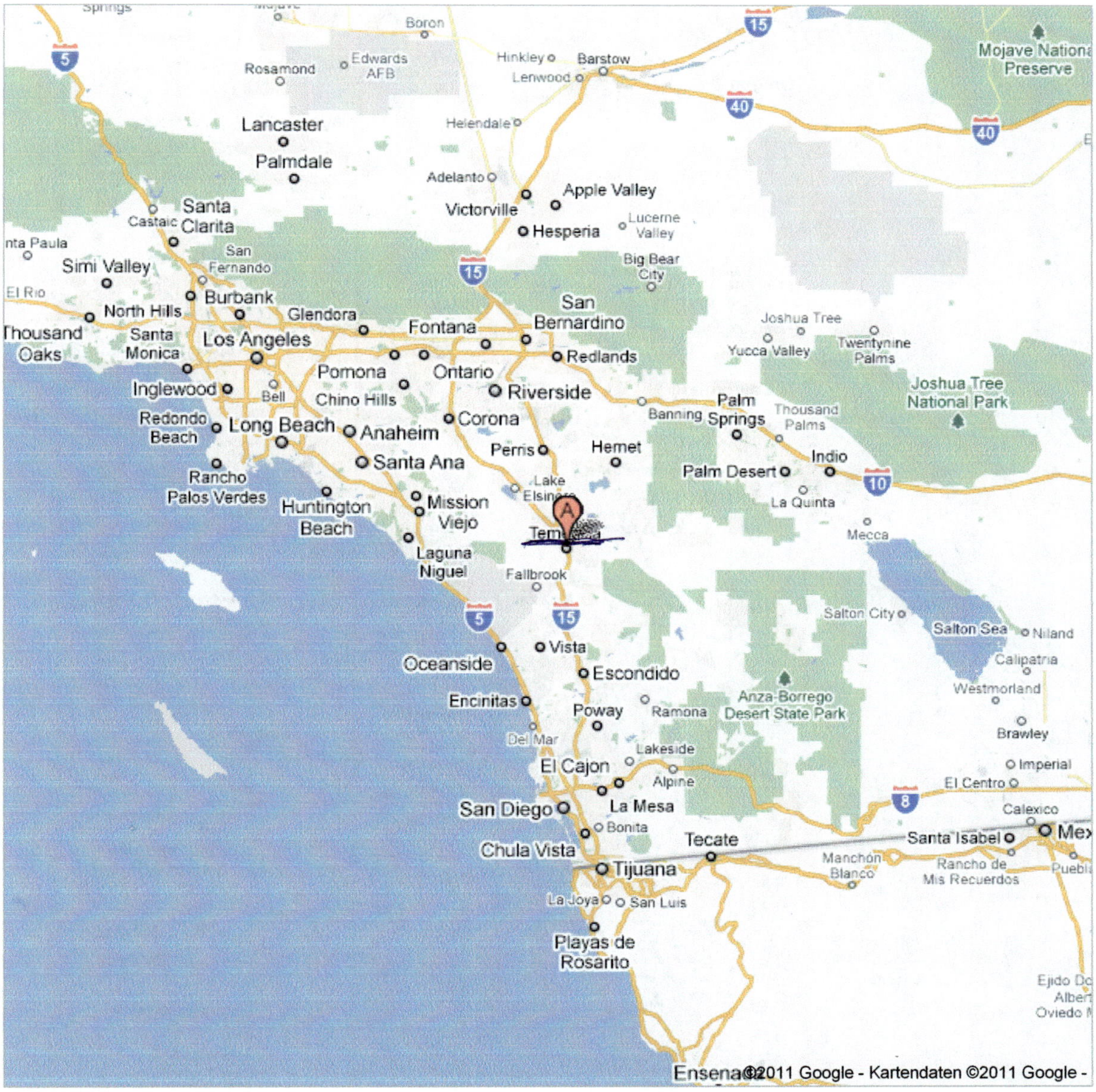

Google maps Deutschland

Adresse **Temecula, Kalifornien Vereinigte Staaten**

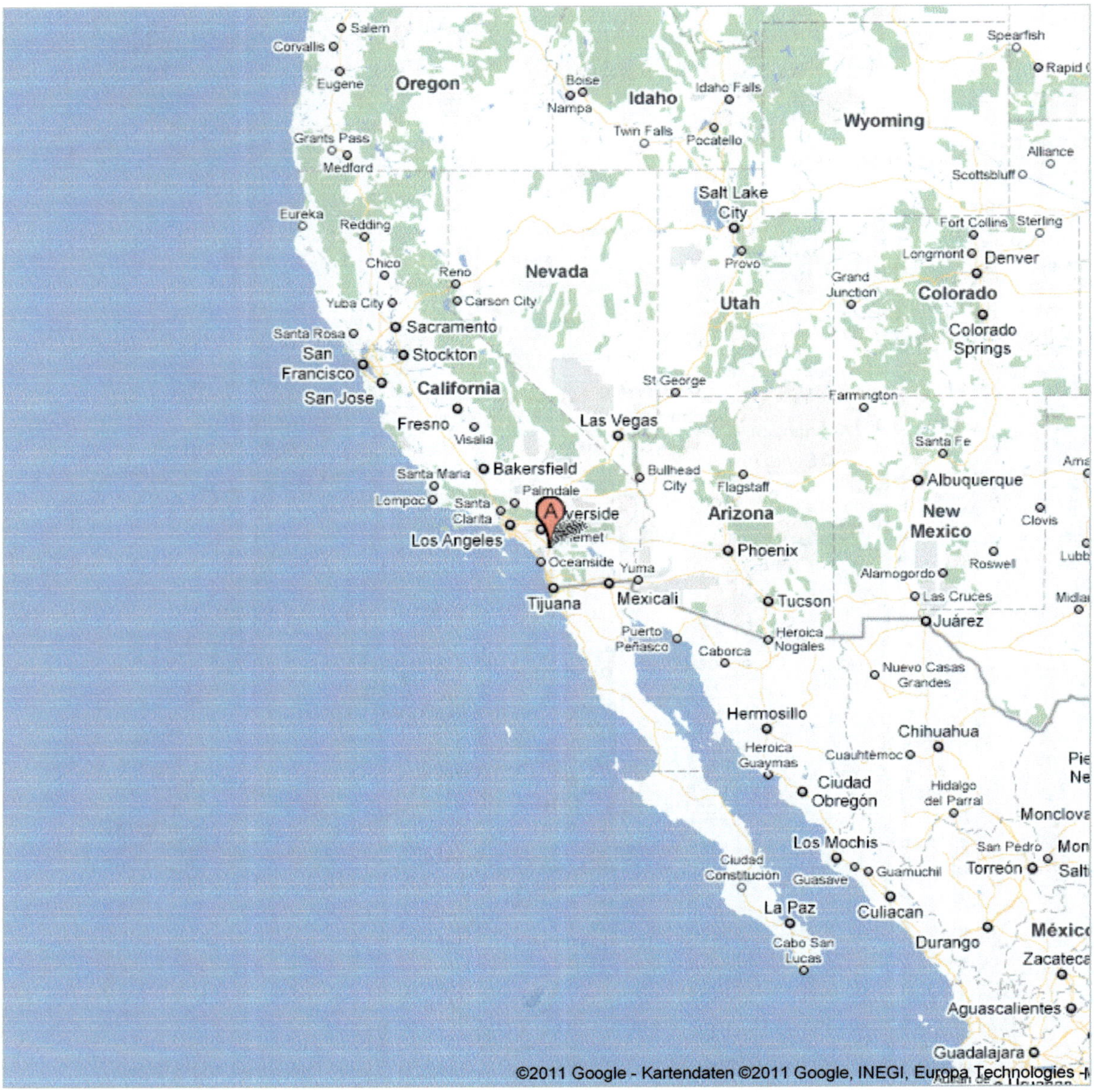

Google maps Deutschland

Adresse **Temecula, Kalifornien**
Vereinigte Staaten

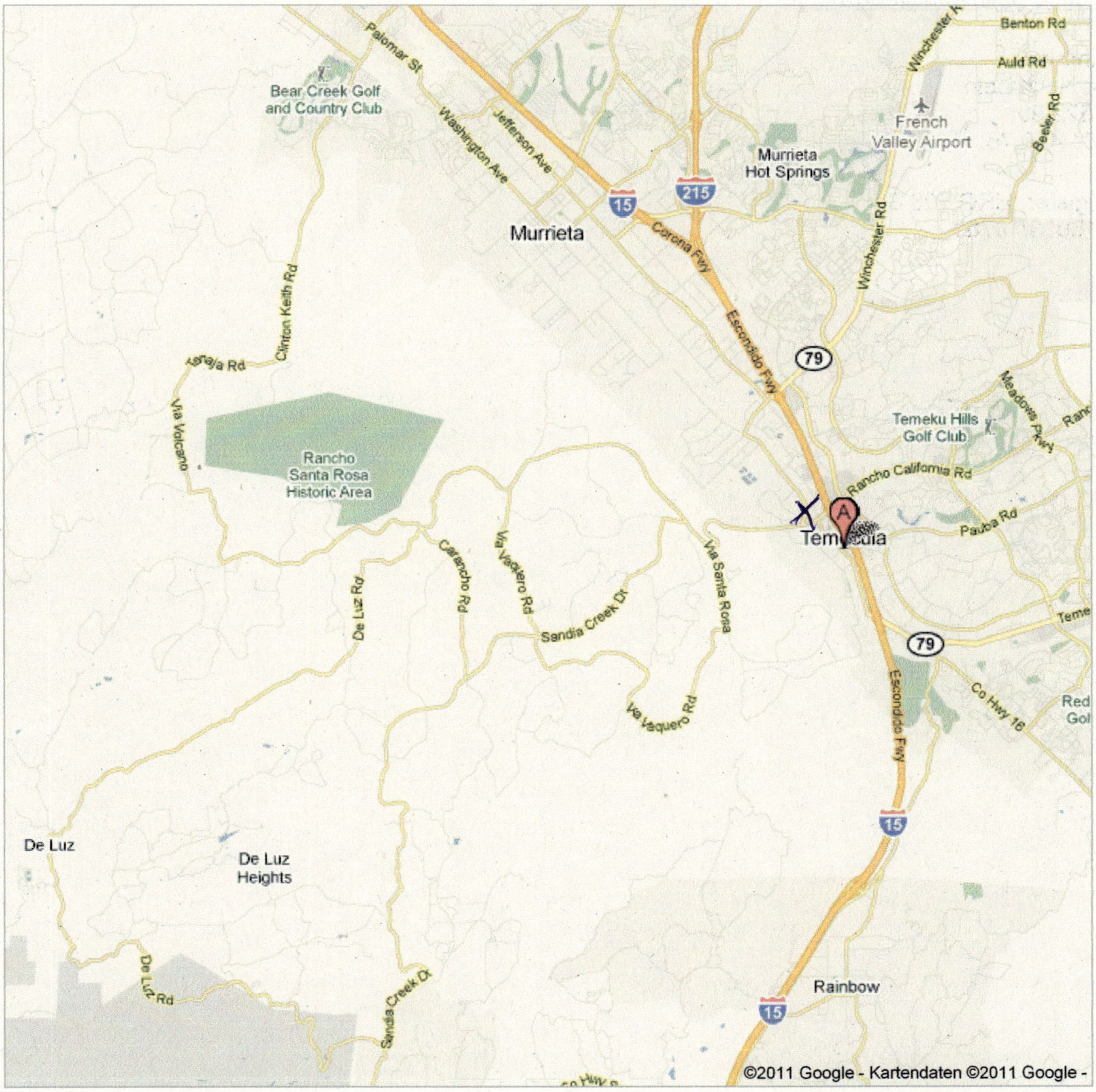

Fax : 07762 / 4785

Internet: www.ep-gallmann.de
Mail : elektro-gallmann@t-online.de

Bankverbindung:
Sparkasse Hochrhein
BLZ: 684 522 90
Kto.Nr.: 261 460 76

Handelsregister, HRG 698 Sä
USt.-Nr.: 16033/18708

OREGON
IDAHO
NEVADA
UTAH
ARIZONA
USA
MEXIKO
KALIFORNIEN
Pazifischer Ozean
Crescent City
Smith River N.R.A.
Klamath R.
Klamath Mountains
Yreka
Lava Beds N.M.
Goose L.
Warner Mountains
Redwood N.P.
Weed
Mt. Shasta 4317m
Alturas
Arcata
Eureka
Coast Ranges
Shasta L.
Fortuna
Weaverville
Mendocino
Redding
Lassen Pk. 3189m
Lassen Volcanic N.P.
Susanville
Sacramento R.
Garberville
Red Bluff
Cummings
Corning
Orland
Chico
Paradise
Fort Bragg
Willits
Willows
Mendocino
Sierra Nevada
Reno
Colusa
Ukiah
Truckee
Point Arena
Clear L.
Yuba City
L. Tahoe
Auburn
South Lake Tahoe
Roseville
Woodland
Folsom
Santa Rosa
Napa
Davis
Sacramento
Sonoma
Fairfield
Petaluma
Point Reyes Nat. Seashore
Vallejo
Jackson
San Rafael
Martinez
Lodi
Berkeley
Golden Gate N.R.A.
San Francisco
Oakland
Stockton
Mono L.
Yosemite N.P.
Sonora
San Mateo
Hayward
Modesto
Mammoth Lakes
Half Moon Bay
Fremont
Redwood City
Mariposa
Devils Postpile N.M.
White Mtn. Peak 4344m
Sunnyvale
San Jose
San Joaquin R.
Bishop
Merced
Santa Cruz
Gilroy
Watsonville
Madera
Monterey Bay
Kings Canyon N.P.
Salinas
Fresno
Giant Sequoia N.M.
Monterey
Carmel
Lone Pine
Pinnacles N.M.
Death Valley
Sequoia N.P.
Mt. Whitney 4418m
Hanford
Visalia
Big Sur
King City
Coalinga
Tulare
Death Valley N.P.
Death Valley Junction
L. Mead
Las Vegas
Santa Lucia Range
Porterville
Colorado R.
San Joaquin Valley
Delano
Paso Robles
Atascadero
Ridgecrest
Morro Bay
San Luis Obispo
Bakersfield
Grover Beach
Carrizo Palm N.M.
Baker
Kingman
Maricopa
Santa Maria
Mojave
Mojave Desert
Mojave Nat. Preserve
Tehachapi Mountains
Los Alamos
Barstow
Lompoc
Lancaster
Needles
Ludlow
Point Conception
Goleta
Santa Barbara
Palmdale
Santa Barbara Channel
Santa Paula
Santa Clarita
Victorville
Lake Havasu City
Ventura
San Bernardino Mountains
L. Havasu
Channel Islands N.P.
San Miguel I.
Oxnard
Glendale
Pasadena
San Bernardino
Twentynine Palms
Santa Rosa I.
Santa Cruz I.
Malibu
Ontario
LOS ANGELES
Riverside
Torrance
Palm Springs
Joshua Tree N.P.
Long Beach
Anaheim
Hemet
Huntington Beach
Santa Ana
Santa Rosa & San Jacinto Mtns. N.M.
Indio
Coachella
Blythe
Temecula
Newport Beach
Channel Islands
San Clemente
Santa Catalina I.
Salton Sea
San Nicolas I.
Oceanside
Vista
Carlsbad
Escondido
Encinitas
Julian
Brawley
San Clemente I.
Anza Borrego Desert S.P.
San Diego
El Cajon
El Centro
Yuma
Chula Vista
Mexicali
Tijuana
Ensenada

Panoramablick oberhalb der Nevada Falls im Yosemite-Nationalpark. Und das letzte Foto in diesem Buch. Danke für's Anschauen und Lesen! Und viel Spaß in Kalifornien!

Impressum

Buchgestaltung
www.hoyerdesign.de

Karte
Fischer Kartografie, Aichach

Printed in Germany
Repro: Artilitho, Lavis-Trento, Italien – www.artilitho.com
Druck und Verarbeitung: Offizin Andersen Nexö, Leipzig

ISBN 978-3-8003-4016-3

Unser gesamtes Programm finden Sie unter:
www.verlagshaus.com